Editorial
NUN

La civilización del Anáhuac: filosofía, medicina y ciencia

La civilización del Anáhuac: filosofía, medicina y ciencia

Lourdes Velázquez

Catalogación de obra

Velázquez, Lourdes

La civilización del Anáhuac: filosofía, medicina y ciencia
1a. edición, 2019

ISBN: 978-607-9845-97-1

Editorial Notas Universitarias, S. A. de C. V.
Impreso en Ciudad de México

Formato: 15 × 21 cm

216 pp.

Editorial Notas Universitarias, S. A. de C. V.

Xocotla17, Tlalpan Centro II, alcaldía Tlalpan,
Ciudad de México, C. P. 01400

www.editorialnun.com

Versión impresa. ISBN: 978-607-9845-97-1

Dirección editorial y portada: Miryam Meza Robles
Diagramación: Carlos A. Vela Turcott
Edición y corrección de estilo: José Agustín Escamilla Viveros

Impreso en la Ciudad de México

Tlapializtli significa: lo que nos compete preservar...
así lo hacemos nosotros también, para nuestros hijos,
nietos, los que tienen nuestra sangre y color, los que
saldrán de nosotros para que ellos cuando ya nosotros
hayamos muerto, también lo guarden...

Hernando Alvarado Tezozomoc
Crónica mexicayotl

Prefacio

El presente volumen es el fruto de una labor de investigación y de una pasión intelectual que ha ido creciendo e intensificándose desde hace más de veinticinco años y que ha tenido la oportunidad de manifestarse en mis publicaciones y en mi vida académica. Se trata de un interés por la historia de las culturas del México antiguo, articuladas en el rico abanico de sus concepciones filosóficas y religiosas, en sus cosmovisiones, en sus conocimientos médicos y científicos, en sus costumbres, en sus prácticas educativas, en su concepción del hombre, de la vida y de la muerte, en su creatividad artística dentro de la arquitectura no menos que en la calidad de sus esculturas, de sus pinturas y composiciones literarias.

Todo este mundo ha sido borrado o enterrado como consecuencia de la "conquista" realizada por los españoles, y lo poco que de ello se conocía fue durante un largo periodo la imagen inadecuada contenida en pocas obras de escritores casi todos europeos, filtradas a través de sus prejuicios culturales y, a veces, inspiradas por el deseo de justificar la dominación colonial como una obra de "civilización" de indígenas incultos. El éxito paradójico de todo esto es que, hasta la fecha, cuando nuestros jóvenes estudian la "Historia de México" en nuestras escuelas se les presenta como si comenzara con la Conquista, mientras que los siglos anteriores se condensan en un resumen en que nombres de poblaciones casi desconocidas se mezclan con cuentos que tienen el sabor de mitos y leyendas mucho más que de relatos históricos. Y esto para no hablar de tantas creencias que en todo el mundo pasan por hechos pacíficamente aceptados y carecen de base histórica. Sería suficiente mencionar la creencia que los antiguos mexicanos practicaban sacrificios humanos, tomada como un hecho comprobado por serios historiadores extranjeros quienes elaboraron descabelladas hipótesis explicativas, afirmando que estos sacrificios se hacían para compensar la pobreza protéica de la dieta indígena mediante el consumo de carne humana (lo que no corresponde ni a lo que históricamente conocemos acerca de la dieta de aquellas poblaciones, ni a alguna evidencia histórica que compruebe la existencia de dichos sacrificios, como se podrá leer en este libro).

Afortunadamente la situación ha venido cambiando en las últimas décadas y tuve la suerte de entrar en contacto con algunos de los historiadores mexicanos que investigaron las antiguas culturas de nuestro país desde varios puntos de vista y quedé fascinada por su riqueza y profundidad, lo que ha producido en mí una verdadera pasión que me ha llevado a cultivar este campo de estudios de manera regular y sistemática, al lado de otras actividades académicas que vine desarrollando en el campo de la filosofía y la bioética. Así, por ejemplo, estuve a cargo de la asignatura de Filosofía Prehispánica durante cinco años en la Universidad Pontificia de México, he dado seminarios sobre filosofía y medicina en el México antiguo en la Universidad de Génova en Italia y sobre la ciencia Maya en la Universidad Católica de Milán, al igual de varias conferencias sobre estos temas en Colombia, Argentina, Brasil, Italia y España. También presenté ponencias sobre estos temas en varios congresos internacionales. La misma continuidad se encuentra en mis publicaciones: mi libro *Filosofia e medicina nel Messico antico*, publicado en italiano en 1998 y varios artículos entre los que destaca *Mexican Pre Columbian Civilisation* en la revista *Filosofia Neo-Scolastica*. Además de los artículos de divulgación publicados en mi columna "Toltecáyotl: Cultura Viva" de la revista digital *Carta de México*. En la "Bibliografía" del presente volumen aparecen los títulos de algunas de las publicaciones que aparecieron durante este intervalo temporal, cuyos contenidos han sido incorporados a veces en algunos capítulos de esta obra.

Quiero terminar agradeciendo a las personas cuyo apoyo me ha sido particularmente útil durante estos años de estudio e investigación, no sólo por el contenido de sus obras que he estudiado con mucho provecho, sino también por contactos personales, consejos, discusiones, colaboraciones a vario título. En el plan intelectual fueron principalmente Mercedes de la Garza, José Luis Guerrero[†] y Guillermo Marín. Además de Miguel León-Portilla, Alfredo López Austin, Paolo Rossi, Carlos Viesca, Leopoldo Zea[†] y, en el plan práctico, Diego Barboni y Fulvio Filipponi por haber traducido del italiano al español algunos de los materiales de este libro. Mi sincero agradecimiento se acompaña con la declaración que los posibles límites e imperfecciones de esta obra son imputables solamente a su autora.

Ciudad de México, Coyoacán, 12 de diciembre de 2018

Lourdes Velázquez

Índice

Introducción

¿Por qué Anáhuac?

El título de este libro requiere un comentario, debido a la presencia de la palabra "Anáhuac" o mejor aún "Anawak" (así debe escribirse) que probablemente suene exótica y no evoque un significado preciso al oído del lector mexicano "culto". Se trata de una situación paradójica ya que esta palabra se refiere de manera exacta a una de las raíces más profundas de la identidad mexicana, raíz que, como consecuencia de varias circunstancias históricas, ha quedado, por una parte, oprimida y, por otra parte, oculta y, sin embargo, brota en miles de detalles de la manera de vivir y de pensar del mexicano. Por otro lado, la perspectiva de considerar esta raíz como una especie de trasfondo implícito de la mexicanidad sería muy limitada, ya que se trata de una dimensión más amplia, que abarca mucho más que el territorio geográfico de México (sea el actual o el histórico) y, sobre todo, se define en términos socioculturales y hasta filosóficos, religiosos y morales de gran alcance.

Mucho se ha dicho y escrito, que los mexicanos somos el producto del choque de dos culturas, el encuentro de dos maneras distintas de ver el mundo, dos formas diferentes de entender las grandes preguntas del cómo y el por qué de nuestra existencia. Pero la cultura del Anáhuac ha sido poco estudiada, se ha soslayado, se sabe poco o casi nada de ella, incluso, por desgracia, para algunas personas el anahuaca que llevamos dentro, tanto genética como culturalmente, ha desaparecido y el legado ha quedado irreconocible. Para otras personas, por fortuna, ese anahuaca pugna por salir y se muestra en cada uno de los aspectos de la vida, en las relaciones sociales, en la alimentación, en la manera de convivir, en la forma de amar, de llorar, de recibir una nueva vida y de despedir a los muertos.

La sabiduría de nuestros viejos abuelos encontró la manera de ocultar todos estos aspectos para preservarlos y que fueron la base de la civilización del *Anawak*. Ocultaron la danza y la hicieron conchera, transformaron lo católico en guadalupano, adoptaron el español y lo llenaron de nahuatlismos y expresiones de doble sentido, convirtieron los ritos funerarios católicos en nueve días de rezos acompañados de la levantada de la cruz, y así un largo etcétera. Pero todo lo ocultaron tan bien y durante tanto tiempo que nos resulta muy difícil reconocer el sincretismo de nuestras costumbres que muchos ya dan por perdidas y completamente olvidadas.

Se atribuye al pueblo olmeca el privilegio de ser la raíz del conocimiento del Anáhuac, pero ese nombre se le asignó hace poco menos de un siglo y no existió un pueblo llamado así. Sin embargo, en la zona denominada olmeca se han encontrado los primeros vestigios de civilización, y de donde parte la influencia cultural hacia lo largo y ancho del Anáhuac. Acostumbramos a distanciar a una cultura de otra, creando la ilusión de que eran pueblos separados, alejados y sin relación alguna entre sí, pero la situación de estas regiones no puede ser juzgada con la óptica actual de lo que son los territorios, las fronteras y naciones. En la época en que la mayoría de los pueblos eran nómadas recolectores, el asentamiento de una civilización en un territorio creaba zonas de influencia cultural, no países. Al igual que el antiguo Egipto no tenía fronteras, no había una marca territorial que denominara lo que era Egipto y lo que no, salvo su zona de influencia, lo mismo ocurre con las primeras civilizaciones de aquí. Sería muy difícil precisar los límites del territorio olmeca, salvo ahí a donde llega su influencia cultural. Ningún olmeca marcó los límites de su territorio, todos los pueblos que adoptaron los conocimientos provenientes de siglos de observación de la naturaleza son los denominados olmecas.

Como en todo proceso evolutivo, la influencia se crea en el tiempo y el espacio, es decir, con el pasar de los años y con la expansión cultural. Pero esta influencia evoluciona, se enriquece y transforma, generando "nuevas culturas", un ejemplo de este proceso evolutivo son los mayas, que crearon un calendario exacto y una sociedad perfectamente organizada, debido a que son la respuesta evolutiva al conocimiento olmeca. Lo mismo ocurre con los zapotecas, teotihuacanos, mexicas y demás pueblos que a su manera siguieron evolucionando el conocimiento de milenios.[1]

Todos parten de una misma raíz, todos están influenciados por un mismo pasado, todos tienen la misma concepción filosófico-religiosa. ¿Por qué verlos como pueblos distanciados o culturas diferentes? A pesar de tener los mismos símbolos matemáticos, mismas creencias, misma alimentación, misma organización social y compartir una misma raíz nos empeñamos en verlos como un racimo de pueblos diferentes que apenas se relacionaban entre sí. Otro error que cometemos es pensar que los invasores europeos dieron unidad y cohesión a estos pueblos.

En las consideraciones anteriores utilizamos el término *Anawak* (Anáhuac) o sus declinaciones para indicar la región en donde se desarrolló históricamente la gran civilización de los antiguos pueblos que habitaron el territorio mexicano y de ahí se difundieron, pero todavía no hemos dicho de dónde viene esta palabra, si es un término artificial propuesto por los etnólogos y arqueólogos o algo diferente. La respuesta es que se trata del nombre con que aquellos pueblos indicaban en su idioma su propia localización en el mundo, esa era la expresión *Cem Anahuac*.

Cem Anahuac significa (como se reconoce analizando su composición etimológica) "lugar totalmente rodeado de agua por sus cuatro lados". Debido a que la palabra *Anawak* se originó de *"atl" agua y "nahuac" rodeado*, que sumado a "Cem" nos da el significado antes expresado.[2] *Cem Anahuac* era el nombre de la parte del continente que abarcaba desde Nicaragua (*Nicananahuac*: "hasta aquí el *Anahuac*") hasta el norte de Canadá. Los antiguos habitantes de esa región estaban conscientes de que vivían en una parte de un territorio mucho más amplio del cual ignoraban las fronteras, al

---

[1]   Guillermo Marín, *Los viejos abuelos: nuestra raíz indígena*, México, Universidad José Vasconcelos de Oaxaca, 2000, pp. 30-31.

[2]   Marc Thouvenot, *Diccionario náhuatl-español*, colaboración de Javier Manríquez, prólogo de Miguel León-Portilla, México, Universidad Nacional Autónoma de México / Instituto de Investigaciones Históricas / Fideicomiso Felipe Teixidor y Monserrat Alfau de Teixidor, 2014, p. 484.

que llamaban: *Ixachilan*, que era el nombre del continente entero, "el lugar inmenso", "la inmensidad".

¿América o Mesoamérica?

Si comparamos los nombres "Anáhuac" con "América", nos damos cuenta de que este último es inmerecido porque no lo describe, no hace referencia a lo que contiene, no es un nombre creado por los pueblos originarios y, peor aún, hay un desacuerdo sobre su origen. Oficialmente se dice que proviene de Amerigo Vespucci (que en realidad se llamaba Alberico), pero en la actualidad se dice que se originó en la región nicaragüense de Amerique, que en maya quiché significa "la tierra donde sopla el viento", lugar donde desembarcó en alguna ocasión Amerigo.

La parte de esta América que fue colonizada por la Europa latina es la que nos identifica en la actualidad como país occidentalizado y con una parte cultural proveniente de Europa. Nos hermana culturalmente con un mismo idioma desde el sur de los Estados Unidos hasta la Patagonia, dejando a un lado a los países colonizados por la Europa anglosajona (Canadá, Belice, Guyanas, Bahamas, Jamaica, Haití). Además del idioma compartimos una religión, ciertas costumbres y parte de código genético. La parte de nuestra cultura que recibió la embestida europea fue la cultura del Anahuac-Tawantinsuyo, la parte que nos hermana con todos y cada uno de los pueblos del continente porque nos unen profundos aspectos culturales, todos poseemos idiomas originales que han sido relegados, pero que aún permanecen en el habla de los pueblos más arraigados (náhuatl, otomí, guaraní, quechua, maya, navajo, entre otros) y que han impregnado al idioma español actual. Compartimos similares costumbres familiares, una alimentación basada en el maíz y una espiritualidad distinta a la europea.

Las consideraciones hechas acerca del término "América" explican por qué en este libro no utilizaremos la expresión "Mesoamérica", que se encuentra a menudo en los estudios de las culturas del México antiguo. Esta palabra fue acuñada por Paul Kirchhoff, un antropólogo alemán de origen judío y que tenía ideas políticas comunistas, el cual se refugió en México en 1937, se naturalizó mexicano en 1941, fue cofundador en 1938 de la Escuela Nacional de Antropología e Historia, donde impartió cursos de etnología hasta su muerte. A partir de 1952 fue investigador de la Sección de Antropología del Instituto de Investigaciones Históricas (UNAM), donde permaneció hasta su jubilación, 13 años después. En 1943 publicó *Mesoamérica, sus límites geográficos, composición étnica y caracteres culturales*,[3] que representó una aportación original y de fuerte impacto en los estudios de las antiguas culturas de la región. El concepto de Mesoamérica es una construcción teórica que agrupa algunas características socioculturales típicas, como la economía basada en la agricultura, el cultivo del maíz, el uso de dos calendarios (el ritual de 260 días y el civil de 365), los sacrificios humanos como parte de ritos religiosos, la tecnología de la piedra y la ausencia de la técnica del metal. Los pueblos que compartían esas características ocupaban el área geográfica que incluye la mitad meridional de México y los territorios de Guatemala, El Salvador, Belice y la parte meridional de Honduras, Nicaragua y Costa Rica. El mérito de este concepto es que elaboró un modelo de características capaz de unificar una variedad de culturas que tenían idiomas diferentes y peculiaridades específicas, que impulsó a varios especialistas (y al mismo Kirchhoff) a discutirlo, desarrollarlo y, a veces, modificarlo. El término Mesoamérica tiene un cierto límite debido a que fue inspirado por la noción "Mitteleuropa", que fue utilizada por varios autores de los siglos XIX y XX, con la cual se designaba una Europa "intermedia" entre el mundo germánico y el mundo eslavo, y caracterizada por la presencia sociopolítica del imperio hasbúrgico en el cual la postura central de Austria se combinaba con la convivencia de muchas poblaciones diferentes por lengua, costumbres y tradiciones. Por tanto, se trata de un enfoque en un cierto sentido eurocéntrico, además aplicado a un concepto puramente geográfico como el de América. Por estas razones, aunque no existan objeciones al uso del término "Mesoamérica" para denotar convencionalmente un cierto tipo de estudios, parece ser más significativo utilizar el término *Anahuac* para

---

[3] Paul Kirchhoff, "Mesoamérica, sus límites geográficos, composición étnica y caracteres culturales", en revista *Tlatoani*, suplemento núm. 3, México, 1967, p. 12. Disponible en: ‹http://alfinliebre.blogspot.com/›. Consultada el 2 de febrero de 2019.

denotar este campo de estudios, que corresponde, a lo que las mismas poblaciones utilizaban para denotar su propio ambiente.

Hay algo más importante: a la noción de Anáhuac no se asocia a aquella característica de "territorialidad" que es ínsita en la denominación de "Mesoamérica" y esto permite considerar a la civilización del Anáhuac como una de las "Civilizaciones madre" en la historia de la humanidad, cómo comentaremos brevemente.

Civilizaciones y culturas

En las páginas anteriores hablamos de la "civilización" del Anáhuac y de diferentes "culturas" (olmeca, zapoteca, azteca, maya, entre otras). Este hecho indica que consideramos estos dos conceptos como relacionados, pero no como sinónimos, aunque en el discurso ordinario se utilicen así. ¿Cuál es entonces el significado de cada uno y la diferencia entre los dos? La respuesta es compleja, ya que este asunto ha sido tratado de manera distinta por varios autores a lo largo del tiempo y con soluciones también diferentes. Por esta razón, después de dar algunos detalles históricos, propondremos una definición en un cierto sentido convencional y que tiene la ventaja de ser adoptada por muchos especialistas de estos temas.

Cultura es un término de origen latino que indicaba la labor de "cultivar" los campos (agri-cultura) y en seguida también al cuidado particular dedicado a las deidades (a las cuales se ofrece un "culto") y el cuidado puesto en la formación del ser humano mediante la educación (con el fin de que sea una persona "culta"). Este último significado coincide aproximadamente con la noción griega de *paidéia* que encontramos, por ejemplo, en Platón y Aristóteles y que en la tradición latina se designó con el concepto de *humanae litterae* o sea de "humanidades" como aún se dice en varios idiomas. Este término se refería al conjunto de conocimientos (tradiciones y saberes) que un determinado pueblo considera como fundamentales y dignos de ser transmitidos a las futuras generaciones. Un hecho típico de la cultura occidental fue considerar que el conocimiento se encuentra básicamente en los libros (de ahí vino la idea que la cultura de un hombre se basa en un sistema de "buenas lecturas"). Además, el adquirir esta cultura requería invertir mucho tiempo durante bastantes años, era obvio que fuera reservada a personas pertenecientes a los estratos sociales más elevados y ricos, y no a los esclavos o a los siervos. Por esto la enseñanza era sólo para los hombres "libres" (es decir, excluía a las mujeres y a los esclavos). En la Edad Media la enseñanza se articuló en los currículos de estudio de las *artes* y se identificó con lo que se enseñaba en las "artes liberales", claramente separadas de las artes "mecánicas" que implican trabajo manual y se consideraban de valor inferior desde el punto de vista social. Era un privilegio de las clases altas la posesión de conocimientos, creencias, modales de comportamiento y convenciones sociales, y que una persona debía tener para ser considerada culta.

Esa concepción aristocrática de la cultura declinó a partir del Renacimiento, en especial después de la creación de la ciencia natural moderna por parte de Galileo, Newton y sus seguidores, la cual comportaba un aprecio especial de las matemáticas y de las tecnologías; esto preparó el cambio de perspectiva que ocurrió en la época de la Ilustración, que concibió a la *razón* como característica del ser humano, y la consideró como fundamento de la dignidad personal y del progreso social, que se alcanzan mediante la *educación*, como subrayaron filósofos como Rousseau y Kant. Dentro de esa perspectiva, la cultura se presentaba como un bien universal y los autores franceses empezaron a llamarla *civilisation* (utilizando un término que anteriormente significaba un conjunto de buenos modales) y de tal manera la civilización no aparecía en oposición a la cultura, sino como una dilatación ideal de la misma. En tanto que para los pensadores alemanes cultura (*Kultur*) y civilización (*Zivilization*) tenían un significado casi opuesto. La cultura era esencialmente algo relacionado con la auténtica naturaleza humana presente en cada individuo. Mientras que la civilización era considerada como un conjunto de reglas y valores más exteriores y convencionales. Esta oposición, claramente presente en Kant, se desarrolla en los autores del Idealismo, en Schopenhauer, en Nietzsche y culmina con la famosa obra de O. Spengler, *El ocaso de Occidente*, en donde la *Zivilization* se presenta como el momento culminante de un ciclo de *Kultur* que se ha convertido en algo rígido y artificial y es el signo de la decadencia de ese ciclo y de su próximo fin.

Estas caracterizaciones "ideológicas" de los conceptos de cultura y civilización han alimentado muchas discusiones que han mezclado varios elementos, que sería imposible identificar un significado suficientemente unívoco de estas nociones. Por tanto, resulta más útil apoyarse en unas caracterizaciones más "descriptivas" que se desarrollaron durante el siglo xx y se basan en características muy generales y relativamente elementales que sirven para agrupar en una misma *civilización* una variedad de *culturas* a su vez caracterizadas por un abanico mucho más amplio de rasgos materiales, intelectuales, de creencias, costumbres y formas de vida que acumulan durante periodos más o menos largos y dentro límites geográficos variables de ciertas poblaciones. Esta concepción más descriptiva o empírica es la que adoptamos en este libro, siguiendo la línea trazada por autores como Guillermo Marín y Bonifaz Nuño,[4] entre otros, por eso hemos hablado de una civilización del Anáhuac y de varias culturas que se han desarrollado dentro de la misma.

En este punto es interesante mencionar que la historia de la humanidad ha conocido sólo un número pequeño de civilizaciones madre, esto es, de civilizaciones que han surgido sin tener antecedentes de las cuales hayan derivado. El catálogo de estas civilizaciones madre es en cierta medida convencional e incluye las siguientes civilizaciones originarias o civilizaciones madre: Egipcia, Mesopotámica, China, India, Anáhuac, Andina.

Esta lista no pretende designar las civilizaciones "más excelentes" o "más importantes" de la historia, sino las más "antiguas" u "originales" debido a que no son derivadas de otras civilizaciones. Así, por ejemplo, la civilización romana ha sido, sin duda, una de las más grandes e importantes de la historia; sin embargo, no se considera una civilizaciones madre (no obstante su larga duración hasta los tiempos modernos y su amplia articulación en diferentes culturas a lo largo de su evolución) porque en sus orígenes entraron varios elementos de culturas anteriores, como la etrusca, las itálicas autóctonas, la griega, etcétera.

En resumen: las civilizaciones madre tuvieron un origen autónomo, se asentaron en un territorio y empezaron a cultivarlo asegurándose la base de su

---

4 Guillermo Marín, "Rubén Bonifaz Nuño, biografía", en *Toltecáyotl*, publicada el 16 de agosto de 2009, disponible en: <https://bit.ly/2stRI8o>. Consultada el 24 de noviembre de 2018.

nutrición. Por esto, cada una se caracteriza por un determinado grano (trigo, maíz, arroz, etc.) que constituye su base alimenticia. Después de haber cubierto sus necesidades elementales de subsistencia, crearon una filosofía, una religión, un Maestro, un lenguaje y varias instituciones sociales. Esto significa que cada una de ellas tuvo una estructura de pensamientos no sólo para interpretar el mundo y los eventos de la vida, sino también para darle un sentido a la existencia y abordar el problema de la transcendencia, tanto desde el punto de vista del individuo como de la comunidad. De estas exigencias fundamentales se desarrollaban cuatro sistemas básicos concernientes a la alimentación, a la salud, a la educación y a la organización social. Como se ve, se trata de marcos muy generales comunes a las diferentes culturas que históricamente se han desarrollado dentro de una misma civilización y que cada cultura a su vez ha concretado de manera diferente. Sin embargo, mucho más fuertes y marcadas son las diferencias con respecto a otras civilizaciones. Por ejemplo, el sistema de educación practicado en la cultura medieval occidental –con sus planes de estudio basados en las "artes" del trivio y cuadrivio, y destinados para clérigos y laicos, y enmarcados dentro de una concepción cristiana del ser humano y de la divinidad– es muy diferente del sistema educativo de la toltecáyotl que practicaban las diferentes culturas del Anáhuac, siendo abierto a todos los miembros de la comunidad, sin diferencia de género y con finalidades de formación física y espiritual bien definidas en el marco de una original cosmovisión al mismo tiempo filosófica y religiosa que trataremos en los próximos capítulos.

¿Por qué Toltecáyotl?

La civilización del Anáhuac y las culturas que de ella surgieron, en particular la náhuatl, encuentran en la *toltecáyotl* las condiciones necesarias para darle sentido a su existencia.

La flor y el canto, arte y poesía, son las herramientas para conocer las cosas esenciales de la vida en el camino espiritual, el camino del conocimiento. Este conocimiento lleva a tener una vida en equilibrio, que es el fin de la *toltecáyotl* "el arte de vivir en equilibrio". La *toltecáyotl* es la mayor y más valiosa herencia que nos legaron nuestros ancestros, fundadores de la milenaria civilización denominada Anáhuac.

Por medio de la flor y el canto (*in xochitl in cuicatl*, arte y poesía) el gran guerrero, no un soldado, mantenía su guerra florida contra su yo interno, *Necoc Yaotl*, es decir, eran sus armas contra su ego e importancia personal. Ella le brinda los recursos necesarios al ser humano para lograr la plenitud existencial, la sabiduría, la experiencia individual y colectiva indispensables para solucionar los problemas de orden material, y una vez resueltos, valerse de la sabiduría milenaria, para resolver el desafío existencial de trascender la vida en el plano espiritual.

Las culturas surgidas en el Anáhuac proclamaron ser buscadoras de la ciencia espiritual. Su objetivo era que las personas llegaran a ser integrales. Para ello crearon escuelas en las que se enseñaba astronomía, herbolaria, matemáticas, artes marciales y danza; además la educación era obligatoria, gratuita y estaba a cargo del Estado. También era universal, ya que estaba abierta a todas las maneras de concebir el mundo. Crear seres humanos dueños de un rostro (*in ixtli*) y de un corazón (*in yollotl*) –una personalidad y una espiritualidad– por medio de un sistema educativo que contemplaba todos los aspectos de la mente, el cuerpo y el espíritu.

> La Toltecáyotl es la mayor y más valiosa herencia que nos han legado, quienes son los padres fundadores de nuestra milenaria civilización. El Patrimonio Cultural que han producido a través de la sabiduría producida por la investigación y sistematización del conocimiento a lo largo de ocho mil años.
>
> Si la India tiene a Buda y China al Tao, nosotros, la civilización del *Cem Anáhuac*, –tan antigua como ellas–, tenemos la Toltecáyotl. Sabiduría humana que nos ha permitido satisfacer las necesidades y desafíos materiales de la vida. Pero también, dar respuesta al desafío de trascender la limitada y efímera existencia humana en el plano material.[5]

---

[5] Guillermo Marín, *op. cit.*, disponible en: <https://bit.ly/2stRI8o>.

Los mexicas lo llamaron *nawi ollin teotl*, que significa "energía que gira en cuatro puntos": del instinto a la inteligencia y de la voluntad a la conciencia. A sus escuelas las llamaron casa de jóvenes y atado de casas (*telpochcali* y *calmecac*).

Además nuestros ancestros consideraban la existencia de cinco elementos principales en la naturaleza:

Tletl, fuego.
Atl, agua.
Ehecatl, viento.
Tlalli, tierra.
Ollin, que era considerado como el principio o elemento integrador de los otros cuatro, el movimiento.

Todas las culturas de la civilización del Anáhuac reconocieron al término *ollin* como el elemento integrador; esta es una demostración de lo profundo de la toltecáyotl, un reconocimiento de que el movimiento es lo que le da sentido a las cosas, es lo que crea la ilusión del tiempo, es lo que da forma al universo tal y como es, pues en un inicio todo estaba quieto, y ahora no hay nada fijo en el microcosmos ni en el macrocosmos, todo está en movimiento.

Consideramos que la toltecáyotl, la gran cultura del pueblo anahuaca era superior en todo a las naciones europeas excepto en armamento. Con la Conquista muchos templos de energía (*teocalli*) situados en puntos geomagnéticos abiertos para el trabajo mental y espiritual fueron destruidos y en su lugar se edificaron iglesias situadas estratégicamente a modo de fuertes militares, conventos tipo fortalezas, típicos del siglo xvi.

Se destruyeron los observatorios astronómicos donde se practicaba un deporte cósmico —el juego de pelota u *olama* o *tlachtli*— y también se demolieron las casas de danza y canto, así como los recintos de conocimiento integral (científico espiritual), y pronto se construyeron las universidades, cuya misión era llevar la pauta de un nuevo sistema educativo laico, pero aún así lavacerebros, alejado del conocimiento indígena, que fue de mal en peor hasta la situación que vivimos actualmente.

En la Facultad de Medicina no se enseña medicina totonaca. En la Facultad de Arquitectura no se enseñan los modelos cósmicos de las grandes ciudades precuauhtémicas. En la Facultad de Ciencias Políticas no se enseña la organización política de los pueblos del Anáhuac. En ciencias no se enseñan matemáticas mayas. En la Escuela Nacional de Danza Clásica y Contemporánea no se enseña la danza azteca. En la Escuela Nacional de Artes Plásticas no se enseñan los modelos toltecas. Luego, entonces, lo universal de las universidades es un mito.

Porque dentro del conjunto de lo universal está incluido lo propio: ¡En la realidad está excluido!

Todas las teorías, formas, deportes, artes, técnicas y saberes que se enseñan en las universidades provienen de Europa y Estados Unidos. La UNAM, las demás universidades y, en general, todo el sistema educativo de nuestro país se basan en un modelo de educación importado en el cual no quedan huellas de nuestras raíces culturales, de nuestra toltecáyotl.

Nos cambiaron las escuelas de ciencia integral por fábricas de burócratas (¡empleados y desempleados!), ignorantes de su propio origen, apáticos, carentes de amor a la naturaleza y a su cultura (toltecáyotl).

Muchos se convierten en zombis con título, con profesión, orgullosos de haber logrado ser alguien en la vida. Otros se vuelven ladrones de tesis, profesores con la misma cantaleta ensayada mil veces, preocupados por obtener un mísero ascenso en lugar de formar seres íntegros y capaces. Se han convertido en fabricantes de "pseudolíderes", con una formación profesional técnica especializada, quienes a la primera oportunidad huyen de su nación sólo para insertarse magistral (o doctoralmente) en la burocracia de otro país.

Otros estudian con un método impecable a nuestros indígenas como si fueran simples objetos con el fin de escribir un artículo más para la gran antropología nacional y obtener un grado más en la larga cadena de burócratas aferrados y así poder presumir (¡a quien sea!) su gran conocimiento. Por supuesto, conozco excepciones, alumnos y maestros con un corazón de jade y turquesa, pero ellos también son engañados o utilizados y algunos otros tienen que soportarlo por necesidad.

En este libro no cometeré el error de estudiar a mis hermanos como si fueran cosas para añadir un renglón más a mi currículum. Prefiero ser "india" para conocer mi origen, mi herencia y mi destino. No quiero estudiar "ruinas arqueológicas", quiero danzar en ellas. Los universitarios técnicos en restauración arqueológica son muy necesarios y agradecemos su invaluable trabajo, *pero no son los dueños de las zonas sagradas*. Éstas pertenecen a los pueblos indígenas y a todo aquel que se asuma como indígena de alguna nación y, en general, a todo el pueblo de México.

Todos los universitarios y aún más los anahuacas, que quieran transformarse y transformar el sistema educativo deberán indagar mucho su origen más antiguo, el que ha estado en la tierra por miles de años, el endémico. Para crear mexicanos orgullosos de su cultura amantes de la toltecáyotl, en la cual se encuentra la raíz latente y la esencia de su existencia. Recordemos que nadie ama lo que no conoce y sólo quien conoce su origen puede saber su destino.

Es importante señalar, que en este libro se mencionarán palabras de la lengua náhuatl con cierta frecuencia y, por consiguiente, se presenta el problema de su correcta escritura. Este problema es común a todos los estudios en los que se debe transliterar en el idioma del expositor las palabras de otro idioma y los lingüistas han elaborado ciertas convenciones bastante complejas acerca de la fonética y la ortografía. Otra dificultad similar es la determinación de la sílaba sobre la cual cae el acento tónico. La solución de este problema en el caso de las lenguas no escritas es relativamente incierta, aunque se presente también para lenguas escritas (basta pensar en el latín y el inglés). ¿Deben acentuarse las palabras de origen náhuatl? Podemos decir que las formas acentuadas y no acentuadas de las voces nahuas son correctas. Las variantes escritas de buena parte de los nahuatlismos se deben al hecho de que, al incorporarse al idioma español se adaptaron a sus reglas ortográficas y la acentuación de algunas cambió. En nuestro caso, siendo el náhuatl una lengua no escrita, utilizaremos la transcripción de sus palabras según las reglas fonéticas y ortográficas de la lengua española, así como se utilizan en los estudios redactados en este idioma, añadiendo también los acentos tónicos que algunos autores prefieren no utilizar, a mí me parece correcto hacerlo de acuerdo con las reglas del español, ya que esta solución práctica es adecuada para los fines de este libro y facilita su lectura. Además considero que si escribimos en español y usamos palabras del náhuatl, debemos usar las reglas establecidas por la Real Academia Española, todo esto sin pretensión alguna de constituir una autoridad.

Las fuentes

Todo trabajo histórico debe hacer una referencia preliminar a las fuentes en las que se basa. En el caso de la historia del México precuahtémico (no utilizamos el concepto peyorativo de "prehispánico" que borra los 7 500 años de desarrollo humano endógeno de una de las seis civilizaciones más antiguas de la humanidad), la cuestión de las fuentes es compleja e instructiva porque, al tratarse de una civilización con una cultura muy avanzada en la que existía una clase culta sumamente articulada, la calidad y cantidad de las fuentes es, por consiguiente, variada. Este tema ha sido tratado en forma abundante por numerosos historiógrafos y carece de sentido entrar en demasiados detalles. Sin embargo, es indispensable proporcionar los elementos principales de este marco.

Contrariamente a lo que algunos podrían pensar, existen pocas fuentes escritas relacionadas con las formas "altas" de la cultura del México antiguo. Las que podríamos llamar "directas" están redactadas en náhuatl, es decir, en un idioma de orígenes muy antiguos, hablado por muchas poblaciones del altiplano mexicano, y que al momento de la llegada de los conquistadores españoles era la "lengua nacional" del Imperio mexica (mal llamado Azteca). Ésta no se extinguió de inmediato, y hasta la fecha es hablada por algunos millones de mexicanos, en especial en muchas localidades de la provincia del país. Las fuentes que podríamos llamar "indirectas" están redactadas en español y están constituidas por relatos de conversaciones que algunos religiosos sostuvieron, en los años inmediatamente posteriores a la Conquista, con varios "informantes" indígenas de nivel cultural bastante elevado. Algunas de estas fuentes son muy significativas, porque también contienen la versión en náhuatl de los testimonios recopilados, debido a esto pueden ser incluidas entre las fuentes directas.

Como veremos más adelante, por medio de algunos ejemplos, el náhuatl no fue una lengua elemental y pobre. Por el contrario, poseía una estructura gramatical y sintáctica muy compleja que, entre otras cosas, permitía también (gracias a un sutil juego de sufijos, prefijos e infijos) la expresión de nociones abstractas. Como prueba de esto, es suficiente decir que existen algunas gramáticas y diccionarios de esta lengua,[1] la cual hoy en día es enseñada en algunas universidades e instituciones culturales, de modo que la lectura de las fuentes relativas no presenta mayores dificultades que las encontradas en la lectura de textos redactados en una de las lenguas muertas generalmente estudiadas.

Por esta razón, sería científicamente más correcto hablar de civilización náhuatl o del Anáhuac (y paralelamente, de filosofía, cosmología, antropología, cultura y medicina náhuatl), en lugar de civilización mexicana del periodo precuauhtémico. De hecho, el adjetivo "mexicano" podría dar la impresión de que se pretende hablar de la cultura de los mexicas, es decir, del pueblo que estaba en su apogeo cuando llegaron los españoles, y que muy a menudo es erróneamente identificado con los aztecas (en realidad, éstos eran un grupo étnico pequeño dentro del pueblo de los mexicas, que gracias a sus habilidades militares, había subyugado a muchos pueblos). Los mexicas llegaron al Valle de México en una época bastante tardía, y su capital México-Tenochtitlán (que constituye el núcleo histórico de la actual Ciudad de México) se fundó en 1325, sólo trescientos años antes de que Cortés la subyugara, en 1521. Es cierto que los mexicas habían alcanzado una posición de hegemonía política y cultural (este hecho explica por qué se remonta a ellos la etimología de la palabra "México"); sin embargo, a pesar de que imprimieran rasgos específicos a su cultura, ésta tenía raíces mucho más antiguas, que se encuentran precisamente en las culturas de lengua náhuatl y, por ejemplo, en lo que respecta a la medicina, el arte y la filosofía se remontan hasta el legendario

---

[1] Nos limitaremos a mencionar, a título de ejemplo: Ángel María Garibay, *Llave del náhuatl*, México, Porrúa, 1994 (es, en cierto sentido, la primera gramática de esta lengua realizada con base en criterios científicos, y contiene un apéndice y un breve diccionario). Anteriormente, César Macazaga Ordoño publicó un *Diccionario de la lengua náhuatl* (México, 1991) basado en la gramática de esta lengua redactada por el sacerdote jesuita Horacio Carochi a mediados del siglo XVII.

pueblo de los toltecas, quienes (según los testimonios recopilados por los primeros conquistadores españoles) eran considerados por los indígenas cultos como los inventores de la ciencia médica y la filosofía.[2]

Lo que decimos no es, en realidad, nada extraño, si pensamos que estamos acostumbrados a hablar de las civilizaciones griega o latina simplemente refiriéndonos a la *lengua* en la que estas civilizaciones se expresaban, abarcando de esta manera pueblos muy distantes en el espacio y el tiempo, e incluso pertenecientes a etnias diferentes. A pesar de estas notables diferencias, ellas formaban parte de la misma *koiné*, es decir, un patrimonio común de conocimientos, ideas, concepciones del mundo y del hombre, tradiciones y costumbres, que eran vehiculados a través de la lengua común. En un sentido perfectamente análogo, entonces, se puede y se debe hablar de una civilización náhuatl o del Anáhuac (y no se trata de una opinión personal, ya que es compartida por muchos especialistas del tema): ésta no sólo es mucho más antigua que México-Tenochtitlan, sino que supera ampliamente los estrechos confines del dominio mexica e integra elementos de todas las grandes culturas que existieron antes, incluyendo gracias a su sincretismo los frutos de las culturas de los olmecas, de los teotihuacanos y de los toltecas.

En particular, su expansión (consecuencia de su prestigio, mucho más que efecto de una conquista) alcanzó áreas que los mexicas nunca dominaron militarmente.[3]

La lengua náhuatl era hablada y escrita. Sin embargo, su escritura no era de carácter alfabético-fonético, sino esencialmente ideográfico, estaba constituida de forma prevalente por pinturas muy coloreadas, a las que se añadía un

---

[2]	En el fondo esta es la misma razón por la que muchos autores llaman "lengua mexicana" a la lengua náhuatl. Esto ocurre desde los primeros tiempos, y también se puede explicar porque los españoles prefirieron usar el topónimo de México para nombrar la capital azteca. Este topónimo, sin embargo, es náhuatl (significa "colocado en el ombligo del maíz") y también era utilizado por los nativos. Más tarde, sirvió para nombrar a todo el país, sustituyendo, tras la descolonización, el nombre de Nueva España introducido por los conquistadores.

[3]	La presencia del náhuatl es atestiguada por topónimos en esta lengua encontrados desde los estados del sur de los Estados Unidos de América hasta América del Sur, pero se concentra en especial en América Central. Las poblaciones que la hablaban vivían en el territorio conocido como Anáhuac, que se extendía más allá de los límites del México actual (por ejemplo, Nicaragua), a pesar de que no lo cubriera de manera uniforme. De hecho, la civilización maya floreció en la península de Yucatán y aunque geográficamente forma parte de México, es muy diferente a la náhuatl, sobre todo, por lo que se refiere a la lengua. La lengua maya también es hablada, hoy en día, en la península de Yucatán.

sistema de glifos que contenía un gran número de grafemas, algunos de ellos de tipo ideográfico, y otros que representaban sílabas. Estos grafemas eran suficientes para establecer fechas, expresar nombres de lugares y personas, cuerpos celestes, fenómenos meteorológicos como los terremotos, conceptos y prácticas religiosas, una gran cantidad de objetos, plantas, animales, piedras, metales, edificios, cargos sociales, eventos de la vida, acciones, etc. En pocas palabras, tenía características similares a las de la lengua escrita del antiguo Egipto. Esta lengua aparece en los más antiguos "códices", es decir, los que fueron escritos antes de la Conquista. De hecho, los primeros conquistadores (o mejor dicho, en la mayoría de los casos, los religiosos que los acompañaban con el propósito de evangelizar a los pueblos indígenas) son los artífices de que el náhuatl también recibiera una *transcripción fonética*, utilizando el alfabeto y los fonemas de la lengua española de la época. Los misioneros de todos los tiempos tuvieron que aprender los idiomas de los pueblos indígenas para comunicarse con ellos, así como para poder predicar y evangelizar. Pero los religiosos a los que nos referimos no se limitaron a este aprendizaje práctico (que en sí mismo no suponía la necesidad de pasar a una escritura), sino que se preocuparon por conocer a fondo los hábitos, las costumbres, creencias, tradiciones de los pueblos conquistados: para tal fin, recopilaron y examinaron una enorme cantidad de testimonios directos, expresados en náhuatl, por "informantes" indígenas (casi siempre de nivel cultural apreciable) y los transcribieron con fidelidad utilizando la *escritura fonética*. De esta manera, también descifraron, con la ayuda de dichos informantes, la escritura ideográfica de los códices más antiguos. Este trabajo fue ulteriormente facilitado y desarrollado gracias al hecho de que muchos indígenas cultos aprendieron el español, por lo que en unos pocos años un grupo bastante numeroso de personas dominó perfectamente el español y el náhuatl.

Finalmente, a esto se añadió el hecho de que la Corona de España exigiera a sus funcionarios informes muy meticulosos sobre el estado de la Colonia bajo los aspectos más diversos (incluidos los de naturaleza más "culta" en vista de las disputas muy acaloradas que surgieron acerca del estatus que se les debía reconocer a los indígenas, es decir, si debían considerarse o no como simples paganos idólatras, rudos y primitivos, y, por tanto, como pertenecientes a una raza inferior y dignos de ser tratados como esclavos o seres subhumanos).

A este propósito, una cuestión importante es la referente al peso que debe atribuirse a la *tradición oral*. Hoy en día, la metodología histórica ha justamente reconocido el valor de este tipo de fuente, pero permanece la tendencia a tomarla en serio sólo en los casos de culturas desprovistas de escritura. Se trata de un malentendido deplorable: incluso en el mundo occidental, la transmisión oral desempeñó un papel importantísimo hasta la invención de la imprenta, gracias a la cual los textos escritos pasaron a ser fácilmente disponibles y, de esta manera, condenó a una progresiva decadencia del ejercicio del aprendizaje mnemónico. Por otro lado, en todas las culturas tradicionales el aprendizaje mnemónico siempre ha jugado un papel esencial: no sólo porque, para cada individuo, el *saber* coincide con lo que *recuerda* de lo que aprendió ("no hace ciencia el entender sin retener", sentenció Dante con toda razón), sino también porque la calidad del conocimiento de una persona era proporcional a su exactitud, su minuciosidad, a la confiabilidad de lo que había aprendido y eso consistía principalmente en saber *retener* los conocimientos acumulados de una *tradición*.[4] El único inconveniente grave no es la *infidelidad* de la memoria (no muy diferente a la posibilidad de transmisión de errores al copiar los manuscritos o de errores de impresión), sino en el peligro de la *extinción*. Mientras que un manuscrito o un libro pueden reposar durante siglos en una biblioteca y ser consultados por alguien mucho tiempo después, el *saber* de una persona muere con ella, a menos de ser continuamente retransmitido y aprendido por otras personas, es decir, a menos que este conocimiento sea parte de una *tradición viva*.

Los españoles encontraron en México una *cultura viva y floreciente*, cuyos maestros, verdaderas enciclopedias humanas, preservaban y transmitían oralmente los contenidos de una larga *tradición*, de forma en gran medida independiente de la existencia (por notable que esta fuera) de textos escritos.

---

[4] Tomando en cuenta todo esto, no es sorprendente que en el pasado hubiera personas que conocían de memoria los poemas homéricos, los clásicos latinos, la Biblia y los textos jurídicos justinianeos. Sin ir más lejos, es suficiente pensar que la educación religiosa ha consistido, hasta hoy, en memorizar, sin recurrir a la ayuda del texto escrito, oraciones, letanías, cantos, complicadas fórmulas de catecismo, a veces en una lengua muerta que la mayoría no podía entender, como el latín.

Además, formaba parte de esta tradición oral la enseñanza relacionada con la forma de *interpretar* los textos escritos, de modo que los jóvenes que recibían la que podríamos llamar educación superior, especialmente en los *calmécac*, aprendían a "descifrar" los textos escritos, y memorizaban una gran cantidad de composiciones, desde himnos sagrados hasta anales históricos. Por tanto, cuando los primeros misioneros (o los indígenas cultos, o los funcionarios, como especificamos anteriormente), consultaron a los grandes "maestros" de esta tradición, transcribiendo en forma fiel sus informes y llenando miles de páginas en lengua náhuatl (formulada fonéticamente), no hicieron más que traspasar a una *forma escrita de tipo alfabético* una *tradición oral* fielmente conservada, que incluía, entre otras cosas, la decodificación de las fuentes escritas redactadas con la *escritura pictoglífica* de los códices más antiguos. Por esta razón, es correcto incluir entre las "fuentes directas" este tipo de testimonio, como lo haremos más adelante.[5] Si a esto le sumamos el hecho de que estas *transcripciones* del náhuatl eran acompañadas a menudo por las respectivas *traducciones* al español, no podemos dejar de notar cómo la combinación de estos factores haya significado, para el desciframiento de la lengua de los antiguos mexicanos, el equivalente al descubrimiento de la Piedra de Rosetta para el desciframiento del lenguaje del antiguo Egipto.

La que acabamos de describir fue una época afortunada y muy breve. De hecho, el afán de un conocimiento documental meticuloso, fiel y exhaustivo, complementado además por una comprensible curiosidad espontánea, fue motivado, entre otras cosas, como dijimos, por el programa consistente en suplantar esta cultura, así como por el prejuicio casi obsesivo de que se tratara de poblaciones dedicadas a creencias y prácticas idolátricas y supersticiosas, e incluso sujetas a influjos diabólicos. En pocas palabras, se trataba de una cultura que era útil conocer a fondo para erradicarla en forma eficaz de las mentes y de los corazones de esas poblaciones, y así implantar en ellas las semillas de la civilización cristiano-occidental (además de poder subyugarlas y explotarlas sin escrúpulos). Por esta razón, la cultura náhuatl fue destruida y reemplazada

---

5   Una discusión articulada de este problema se puede leer en el apéndice final: "¿Nos hemos acercado a la palabra antigua?" de la última edición de la obra de Miguel León-Portilla, *La filosofía náhuatl* (México, Universidad Nacional Autónoma de México, 1993, pp. 397-435).

por una cultura hispanoamericana que, aun sin poder (lógicamente) borrar por completo el componente indígena, resultó ser fuertemente europeizada y, en particular, adoptó el español como *lengua* culta. Por eso muchos hablan de un "México prehispánico". De hecho, si por un lado es muy cierto que no pocos mexicanos se distinguieron, en los siglos sucesivos, en los sectores "altos" de la cultura,[6] por otra parte hay que recordar que su trabajo era parte de la cultura hispánica y, en ella, ocupó una posición sustancialmente subordinada hasta el momento de la descolonización.

Por último, queremos eliminar una duda que podría surgir a propósito del valor "científico" de las fuentes en lengua náhuatl recopiladas por los españoles en las formas anteriormente descritas.

Podría pensarse que los diligentes frailes que reunieron los testimonios de los indígenas carecían por completo de esas cualidades "metodológicas" que consideramos indispensables hoy en día para la confiabilidad de la documentación resultante. Sin embargo, no fue así, y para aclararlo presentaremos la forma en que trabajó uno de los misioneros más significativos, fray Bernardino de Sahagún, franciscano que llegó a México en 1529. Fray Bernardino aprendió muy rápido el náhuatl y mostró desde el principio un interés insaciable por documentarse acerca de las características de la cultura "gentil" (es decir, "pagana") de las poblaciones que llegaba a conocer. En todos los lugares que visitaba, buscaba a los ancianos más sabios y les pedía que le contaran todo lo que recordaban sobre su antigua cultura. Apuntaba o hacía apuntar todo literalmente, tal como ellos lo expresaban, y luego lo comparaba con los relatos de otros informantes corrigiendo, suprimiendo, añadiendo innumerables veces.

En relación con su método de trabajo, fray Bernardino de Sahagún explicó que durante tres años leyó y repasó por su cuenta sus anotaciones, y las dividió en libros, y cada libro en capítulos, y algunos libros en capítulos y párrafos.

---

[6] Es suficiente con pensar que figuras como Alonso de la Vera Cruz (1504-1584), Carlos Sigüenza y Góngora (1645-1700), Francisco Javier Clavijero (1731-1787), cuyas obras y actividades alcanzaron una fama considerable incluso en Europa, eran mexicanos, o desarrollaron en México la mayor parte de su actividad.

El resultado de este trabajo fue una obra monumental, una verdadera enciclopedia del mundo náhuatl, en la que es posible encontrar de todo: desde la teología hasta el conocimiento médico, pasando por las recetas de cocina.

Pero el hecho metodológicamente aún más significativo es que fray Bernardino de Sahagún tuvo la honestidad intelectual de conservar incluso las minutas de su paciente trabajo, con los textos originales intactos. Pocas veces cedió a la tentación de criticar o condenar lo que estaba traduciendo y, puesto que conservamos esos originales, aún hoy podemos descubrir y corregir los eventuales e inevitables prejuicios y errores que se han infiltrado en su traducción. Tampoco puede ser ignorada la actitud fundamentalmente positiva que asumió hacia las doctrinas que encontraba, tratando de interpretarlas, cuando le parecía posible, para resaltar sus cualidades. Por ejemplo, en una carta dirigida al Papa Pío V el 25 de diciembre de 1570, fray Bernardino de Sahagún escribió:

> Entre los antiguos filósofos, algunos dijeron que no existía Dios, y esta opinión era muy difusa: Ximócrates dijo que había ocho dioses y diosas. Antístenes dijo que había muchos dioses populares, pero solo un dios omnipotente, creador y gobernante de todas las cosas. Esta opinión o creencia es la que he encontrado a lo largo de toda esta Nueva España. Creen que existe un Dios que es puro espíritu, omnipotente, creador y gobernador de todas las cosas... A este Dios le atribuían total sabiduría, belleza y benevolencia.[7]

Después de todas las explicaciones proporcionadas, podemos proceder a un breve elenco de las fuentes más importantes, limitándonos a las que también han sido publicadas. Nos limitaremos a indicar los títulos de las fuentes, remitiendo a la bibliografía que se encuentra al final de este libro en donde se incluyen las indicaciones relativas a los datos completos de su publicación.

---

[7] Esta carta se conserva en el Archivo Secreto Vaticano, A.A.Arm.I-XVIII, 1816, Documento, hojas 3.

Fuentes directas

Los textos nahuas[8] más antiguos están contenidos en *códices* pintados, redactados en material vegetal muy resistente, obtenido de algunas especies de agave y similar al "papel amate" que sigue siendo utilizado para crear coloridos dibujos de carácter artesanal, bastante conocidos por los turistas que visitan México. Eran muy numerosos, pero muchos de ellos fueron destruidos por los conquistadores españoles, quienes se empeñaron en erradicar las tradiciones culturales indígenas, impulsados, entre otras cosas, por un malentendido afán de evangelización. Como resultado, se buscaron y destruyeron una gran cantidad de aquellos textos que representaban la base culta de una cultura considerada "pagana" e "idólatra" (lo que, por desgracia, es común en casi todas las formas de conquista colonial habidas a lo largo de la historia).[9]

Dicho esto, cabe señalar que los españoles habían sido precedidos en esta obra de destrucción por los aztecas, quienes, conscientes de su inferioridad cultural e intelectual con respecto a los pueblos del Valle de México a los

---

[8] Nahuas es el plural de náhuatl.

[9] Para indicar este tipo de preocupación, es suficiente mencionar lo que León-Portilla informa (*op. cit.*, pp. 10-11) sobre la obra de fray Bernardino de Sahagún. Ésta demostró ser tan objetiva y fiel, en la reconstrucción de las creencias indígenas, que algunos misioneros la consideraron peligrosa, ya que corriendo incluso el riesgo de revivir y fortalecer estas creencias. Ellos comunicaron sus inquietudes a Madrid y obtuvieron la promulgación, por parte de Felipe II, de una Real Cédula, fechada al 22 de abril de 1577, que dice:

"De algunas cartas que nos han sido escritas desde estas provincias hemos aprendido que el Fray Bernardino de Sahagún, de la Orden de San Francisco, ha compuesto una Historia Universal de las cosas más importantes de la Nueva España, la cual es un relato muy vasto de todos los ritos, ceremonias e idolatrías usados por los indígenas en su infidelidad, dividida en doce libros y en lengua mexicana; y aunque se entiende que el afán de Fray Bernardino había sido bueno, y dictado por el deseo de que su trabajo fuera fructífero, nos ha parecido que no es conveniente que tal libro se imprima, ni que circule de ninguna manera y bajo ningún concepto por esos lugares; por lo tanto, les ordenamos que, tras recibir esta cédula, con el mayor cuidado y diligencia procuren hacerse con estos libros, encargándose de que no quede el original ni ninguna traducción, y los envíen con todas las precauciones, a la primera oportunidad, a nuestro Consejo de Indias, para que puedan ser examinados; asimismo, les pedimos que pongan toda su atención en no permitir de ninguna manera que se escriban cosas que aludan a las supersticiones y formas de vida que tenían estos indios, en ningún idioma, por así convenirle al servicio de Dios nuestro Señor, y al nuestro". Citado en *Códice Franciscano*, Salvador Chávez Hayhoe (ed.), México, 1941 (Siglo xvi, Nueva Colección de Documentos para la Historia de México). Afortunadamente, fray Bernardino conservó una copia de sus manuscritos y se salvaron de la destrucción.

Lo que se conserva de la documentación recopilada por él se encuentra en Madrid y Florencia. Los textos más antiguos de su investigación se encuentran en los dos *Códices Matritenses*, de los que se hablará más adelante.

que habían subyugado militarmente, intentaron fortalecer su dominio neutralizando las manifestaciones de la cultura superior de sus sumisos (dicho de otra forma, la conquista azteca también fue una forma de "colonización interna" de los pueblos amerindios). Los códices supérstites cruzaron el Atlántico, y se encuentran dispersos en varias bibliotecas europeas. Es difícil estimar su número porque la mayor parte de ellos no ha sido publicado, ni estudiado y ni siquiera catalogado de forma adecuada.[10] Los que son conocidos no son, a final de cuentas, gran cosa.

Cuando hablamos de "códices" consideramos tanto a los que fueron redactados antes de la Conquista (y que están escritos, como se ha visto, en escritura pictográfica), como a los posteriores, que contienen las transcripciones en lenguaje fonético y, a veces, incluso las traducciones en lengua española, como se ha dicho. Esta denominación se basa en el hecho de que, en parte, fueron realizados de acuerdo con las viejas técnicas de los códices prehispánicos, y en parte porque, al no tratarse de textos impresos, se consideran "códices" en el sentido más común del término. He aquí una lista de los más importantes:

- El *Códice Vaticano A 3738*, también conocido como *Códice Ríos* (del nombre del religioso del siglo xvi que añadió una serie de comentarios en un italiano lleno de hispanismos). Contiene principalmente doctrinas acerca de los orígenes cósmicos, los trece cielos, las divinidades y los soles cosmogónicos, el calendario y los datos posteriores a la Conquista, hasta 1563. Las pinturas que incluye son reproducidas a partir de un original prehispánico, y aparecen también en un códice de contenido similar, conocido como el *Códice Telleriano-Remense* (del nombre de monseñor Le Tellier, arzobispo de Reims, que lo poseía).
- El *Códice Borgia*, también perteneciente a la Biblioteca Vaticana, es quizás el más hermoso por la riqueza de colores y el valor artístico

---

10 Se sabe que una parte de ellos es de propiedad de la Biblioteca Vaticana, pero según el testimonio del erudito Carlos Viesca, en la Biblioteca Nacional de París existirían unos trescientos códices nahuas prácticamente inaccesibles para los estudiosos.

de sus pinturas. Se centra principalmente en el calendario y contiene, entre otras cosas, una hermosa estilización de la concepción cosmológica náhuatl.

- El *Códice Borbónico* es totalmente precuauhtémico, ya que contiene, entre sus últimas pinturas, la representación de la solemnidad del "nuevo fuego", que cayó en 1507 (de acuerdo con los cálculos occidentales). Al ser un libro de arte adivinatorio, es muy importante para el estudio de las concepciones de los nahuas en relación con el calendario y la astrología.

- El *Códice Mendocino* (latinamente *Codex Mendoza*, resguardado en la biblioteca Bodleiana de Oxford), toma su nombre del virrey Antonio de Mendoza, quien ordenó alrededor de 1541 la recopilación de datos que éste contenía sobre la fundación de Tenochtitlán, el Imperio azteca y sus sistemas administrativos, fiscales, legales y educativos.

- El *Códice de Chimalpopoca*, llamado así por el abate Brasseur de Bourbourg debido a que su primera versión parcial en español había sido realizada por Faustino Galicia Chimalpopoca. Es un texto heterogéneo que consta de tres documentos distintos. El primero se conoce como *Anales de Cuauhtitlán*, y consiste en textos de nahuas recopilados antes de 1570, en gran parte de carácter histórico (y relativos a muchas localidades, además de Cuauhtitlán), pero también es muy importante para la reconstrucción del pensamiento religioso y cosmológico náhuatl. El segundo es un *Breve informe acerca de los dioses y ritos de la gentilidad*, escrito en español por Pedro Ponce. El tercero es un texto náhuatl llamado *Manuscrito de 1558*, redactado por un anónimo en ese mismo año y llamado por del Paso y Troncoso *Leyenda de los Soles*. Esta leyenda tiene un gran interés cosmogónico ya que, como veremos en su momento, presenta las líneas fundamentales de la visión cosmológica de los nahuas.

- El *Códice Barberini* (del nombre del cardenal que inicialmente lo poseía) también se conoce con el título de *Libellus de medicinalibus indorum herbis*, lo que indica su importancia fundamental para la historia de la medicina, así como la del *Códice Badiano*.

Los testimonios en lengua náhuatl de los informantes de fray Bernardino de Sahagún son muy importantes y debido a las modalidades de su recolección merecen ser catalogados entre las fuentes directas. Se recolectaron a partir de 1547 en Tepepulco (hoy Texcoco), importante centro político y cultural de los mexicas, así como en Tlatelolco y en México (es decir, en la antigua capital de los aztecas también llamada Tenochtitlán). Los indígenas que informaban a fray Bernardino eran, por lo general, ancianos que habían estudiado en su juventud en las dos grandes instituciones educativas de los mexicas: el *Calmecac* y el *Telpochcalli*, donde se aprendían de memoria los contenidos "altos" de su cultura, así como las modalidades de interpretación de los textos escritos. De este inmenso material (sometido a la rigurosa recopilación que mencionamos en la "tercera fase", que tuvo lugar en San Francisco de México), la parte más antigua está contenida en los dos códices:

- *Códices Matritenses* (llamados así por ser conservados en Madrid), conocidos respectivamente como el códice del "Palacio Real" y el códice "de la Real Academia de Historia", dependiendo del nombre de las dos instituciones en cuya biblioteca se encuentran.
- *Códice Florentino*. Más completa, pero de época más reciente, es una copia bilingüe en cuatro volúmenes y numerosas ilustraciones, conservadas en la Biblioteca Laurenciana de Florencia. El famoso erudito Francisco del Paso y Troncoso publicó en 1905-1907 una espléndida edición fototípica de los códices matritenses, porque sólo había podido publicar una parte del material de Florencia. El contenido del *Códice Florentino* fue publicado parcialmente, tiempo después, por varios estudiosos, y hoy está disponible su edición completa.
- El *Códice Ramírez*, obra del jesuita Juan Tovar.

De importancia menor, en cuanto esencialmente relativos a la historia eclesiástica de la nueva colonia, son otros códices, por ejemplo:

- El *Códice Franciscano*, que se remonta al siglo XVI.
- El *Códice Mendieta*, que reúne documentos franciscanos de los siglos XVI y XVII.

A estos textos deben ser añadidos:

- El libro del *Coloquio de los doce*. Así llamado porque reúne las entrevistas que los primeros doce frailes franciscanos (que habían llegado con Cortés) tuvieron en 1524 con los *tlamantimine,* los sabios ancianos indígenas. Esta fuente es muy importante porque se trata de testimonios directos proporcionados por las personas más cultas de aquella población. Ella revela, en particular, que entre los nahuas existían diferentes categorías de sabios, y muestra la habilidad y tenacidad con las que los indígenas defendieron sus creencias y su concepción del mundo. Cabe además recordar que este documento es el relato de un debate público, y concretamente de la última aparición pública de los sabios nahuas, que fueron invitados a defender sus concepciones ante su pueblo, contra las objeciones de los primeros doce misioneros cristianos.[11]
- La *Colección de* los "cantares" mexicanos. Es importante para la reconstrucción de las ideas filosóficas nahuas, expresadas en versos y en poesía por los sabios *tlamantimine.*
- La *Conversación de los viejos*. Se trata de discursos de carácter pedagógico, destinados a niños, jóvenes y adultos, sobre el nacimiento, el matrimonio, el ingreso en las instituciones educativas de los

---

[11] El ostentoso título en español de este documento indica cómo los conquistadores creyeron haber refutado públicamente los errores de los paganos, obteniendo su conversión: *Coloquios y Doctrina Cristiana con los que los Doce Frailes de San Francisco enviados por el Papa Adriano Sexto y el Emperador Carlos Quinto convirtieron a los Indios de Nueva España, en lengua Mexicana y Española*. El manuscrito original mutilado (únicamente contiene 14 de los 30 capítulos originales) fue descubierto en el Archivo Secreto del Vaticano en 1924, siendo posteriormente publicado en varias ocasiones.

telpochcalli. Es una fuente totalmente precuauhtémica muy importante para la reconstrucción de la ética de los nahuas.

- Los *Anales de la nación mexicana*. Informes analíticos redactados por varios cronistas a lo largo de las diversas épocas de la historia de las poblaciones nahuas.

- Algunos textos de la *Historia Tolteco-Chichimeca*, anónimo, cuyo contenido se refiere a la historia del México precolonial, pero que también contiene poemas sobre la concepción de la divinidad.

Fuentes indirectas

Parte de las fuentes indirectas para el estudio de nuestro pasado son los relatos o crónicas. Su valor histórico se debe a que narran en español o náhuatl la fundación de Tenochtitlán, la migración azteca, algunos usos y costumbres, ritos religiosos, etc. Documentos como la Crónica Mexicáyotl, la Crónica Mexicana, la Relación de Tovar, la Historia de Durán y la Historia de Acosta, son considerados muy fieles al pasado y los que mejor relatan la realidad mexica, pero ¿de qué fuente provienen estos relatos?, ¿sobre qué documento se basan estas crónicas?

Esta pregunta se la han hecho muchos investigadores a lo largo de los años, personajes como el antropólogo Robert Barlow, la historiadora belga Sylvie Peperstraete o el historiador José Fernando Ramírez, dedicaron muchos años de investigación para responder a esta pregunta, tarea a la que se apegó el maestro en estudios mesoamericanos Gabriel Kenrick Kruell y la expone en su artículo "La Crónica mexicáyotl: versiones coloniales de una tradición histórica mexica tenochca", llegando a una conclusión. Todos estos escritos provienen de una única crónica de tradición oral que en determinado momento se transcribió, fuente a la que nombraron *Crónica X*.

La *Crónica X* representaría una hipotética fuente en náhuatl extraviada, de la cual derivarían directa o indirectamente cuatro documentos bien conocidos por los historiadores: el primer volumen de la *Historia de las Indias* del dominico Diego Durán, escrito en 1581. La *Crónica mexicana* de Hernando de

Alvarado Tezozomoc, redactada probablemente hacia 1598; la *Relación del origen de los indios* del jesuita Juan de Tovar, obra que representa un resumen de la *Historia* de Durán; y la renombrada *Historia natural y moral de las Indias* publicada en Sevilla en 1590 por el erudito jesuita José de Acosta, el cual se sirvió de la *Relación* de su compañero de orden, Tovar, para la composición de algunos pasajes de su magna obra.[12]

Especialmente importante para la historia de la medicina es el trabajo del doctor Francisco Hernández, quien fue médico de Felipe II, y por encargo de éste redactó una *Historia Natural de la Nueva España*. Sus *Obras completas* constan de seis volúmenes. Hablaremos de esta fuente con más detalle cuando tratemos la práctica médica de los nahuas.

Otras obras de españoles (conquistadores o cronistas) que contienen testimonios indígenas directos y cualificados acerca de las tradiciones y las concepciones de los pueblos subyugados son consideradas de importancia menor.

No se puede decir que sean textos irrelevantes, sin embargo, su valor como "fuentes" reales debe ponderarse en forma cuidadosa caso por caso, por esta razón nos eximimos de mencionarlos, dado además su considerable número. En cambio, señalamos que entre estas fuentes a tratar con cautela también figuran escritos de indígenas o mestizos, quienes escribieron en su propio idioma o en español. Entre ellos, los principales son: Hernando Alvarado Tezozomoc (nacido alrededor de 1525), quien escribió en náhuatl y en un español rudimentario; Fernando de Alva Ixtlilxóchitl (1575?-1650), mestizo casi totalmente europeizado, pero que dominaba a la perfección ambas lenguas; Diego Muñoz Camargo (1524-1614?), también mestizo. Estos personajes pueden considerarse como "fuentes indígenas", a pesar de ser indirectas, puesto que obtenían de los indígenas sus informaciones. Sus escritos se consideran parciales, ya que reflejan, a veces, de manera transparente, las ásperas rivalidades que dividían a los diferentes grupos étnicos del Valle de México (rivalidades que fueron hábilmente aprovechadas por Cortés y le permitieron una conquista a todas luces desproporcionada con respecto a la fuerza militar con la que

---

[12] Gabriel Kenrick Kruell, "La Crónica mexicáyotl: versiones coloniales de una tradición histórica mexica", en *Revista Estudios de cultura náhuatl*, núm. 45, México, UNAM, enero-junio 2013, pp. 197-232.

contaba). Es así que en Tezozomoc encontramos la perspectiva mexica; en Ix-tlixóchitl, la texcocana; en Muñoz Camargo, la tlaxcalteca. Aunque esto pue-da, a veces, conllevar dudas legítimas sobre la objetividad de algunos relatos. Por otro lado, tiene el indiscutible interés de darnos a conocer el testimonio y la opinión de quienes se encontraban del otro lado de la barricada (o el punto de vista de los vencidos), brindándonos a la vez datos que de no ser por ellos nunca habríamos conocido.

Fuentes no escritas

Desde hace mucho tiempo perdió vigencia el dogma que afirmaba que la "his-toria" de un pueblo comienza a partir del momento en que se cuenta con tes-timonios escritos de la misma. En particular, si la historia abarca los aspectos culturales en un sentido muy general, está claro que los restos arqueológicos tienen una importancia considerable. Este discurso es aún más válido cuan-do se trata de culturas que han desarrollado un fuerte sentido del simbolis-mo (prácticamente todas las culturas que no estén permeadas por una fuerte dimensión racionalista). Éste es el caso de la civilización náhuatl. De ahí que fuentes como las obras de arte diferentes a la literatura, es decir, pinturas, es-culturas, decoraciones, arquitectura, resulten útiles: ellas entrañan un vasto contenido de ideas expresadas en *símbolos*, cuya interpretación (más allá de las dificultades que cualquier operación de este tipo encuentra relativamen-te a cualquier época y cultura) se ve facilitada por el hecho de que algunas re-presentaciones simbólicas también se encuentran en los códices y, de este modo, el conocimiento de ese tipo de escritura a menudo ayuda a descifrar el símbolo.

La tradición oral ha sido siempre muy importante para el estudio de la historia, y aunque se le tache de "teléfono descompuesto" al momento de es-cuchar el mismo relato hablado por distintas bocas y diferentes versiones, la idea central trasciende y se mantiene. Esto mismo ocurre en la actualidad en los *calpultin* de nuestro país, donde maestros de la tradición oral comparten las enseñanzas de sus abuelos y las cuentan tal y como se las narraron a ellos y las enseñan tal y como se las enseñaron, algunos tienen unas versiones, los demás otras igualmente valiosas, pero la idea central es siempre la misma. La tradición oral es un arte de composición de la lengua cuyo fin o función es transmitir conocimientos históricos, culturales y valores ancestrales que se actualizan desde una temporalidad cíclica que le otorga su sentido más profundo. Estos relatos están profundamente relacionados con la espiritualidad de estos pueblos, porque en el acto de narrar un relato no sólo se cuenta una historia sino que se genera la unión entre lo terrenal y lo espiritual, dando sentido a la identidad cultural de los pueblos indígenas.

Los relatos de la tradición oral de nuestros viejos abuelos, conforman su memoria colectiva. Por ello, estas culturas los consideran como *la antigua palabra* o *la palabra de los ancestros*, se les concibe como la autoridad máxima en el establecimiento del orden social y la transmisión de valores y enseñanzas. Son la vía de transmisión de la cosmovisión, conocimientos filosóficos, religiosos, económicos, artísticos, tecnológicos, políticos, que las generaciones adultas transmiten a las jóvenes. Los relatos, junto a los tejidos, pinturas, diseños gráficos, danzas, música, son las bibliotecas de estas civilizaciones.[13]

No todas las fuentes que hemos mencionado son de igual importancia para la historia, entendida en sentido estricto. Sin embargo, ya se dejó claro en la "Introducción" cómo esta historia no puede prescindir de marcos conceptuales más amplios. Cuando llegue el momento de centrar nuestra atención en los temas más estrictamente médicos y filosóficos, también mencionaremos cuáles de estas fuentes son las más significativas a este respecto.

---

[13]   Gabriela Fernanda Álvarez, *Los relatos de la tradición oral y la problemática de su descontextualización y re-significación*, Buenos Aires, 2012. Tesis (Magíster en escritura y alfabetización), Universidad Nacional de la Plata.

CAPÍTULO I

El pensamiento filosófico náhuatl sobre la divinidad y el cosmos

Premisa

Como vimos en la "Introducción", no es posible entender adecuadamente el significado de la ciencia, la filosofía y la medicina en una época y cultura determinadas sin tomar en cuenta el contexto de ideas y creencias de carácter *general* en las que está inscrita. La razón de ello es sencilla, por ejemplo: la medicina se propone combatir, o al menos aliviar, básicamente tres fenómenos que el ser humano percibe espontáneamente como "negativos", como "males": la enfermedad, el sufrimiento y la muerte. Está claro que el propósito de combatirlos presupone que estos sean "interpretados" y que, en virtud de esta interpretación, sea posible indicar sus "causas", a partir de las cuales se podrán a su vez indicar los respectivos "remedios". Por tanto, se entiende que si la enfermedad o el sufrimiento son interpretados como el efecto de una voluntad divina, es lógico suponer que el remedio debe buscarse en ritos u oraciones capaces de propiciar el favor de la divinidad; si se interpretan como consecuencia de una culpa, se resolverá eliminarlos a través de formas de expiación; si en cambio son interpretados como el efecto de los agentes físicos, se intentará eliminarlos mediante contramedidas adecuadas de tipo físico. Además, no es de descartar que estas interpretaciones se entremezclen entre sí, porque quien es afectado por estos "males" es el ser humano considerado en su totalidad, en su angustia existencial. Incluso hoy en día, a pesar del carácter "científico" adquirido por la medicina, son muy comunes preguntas de este tipo: "¿Por qué tuvo que tocarme a mí esta enfermedad?" "¿Por qué un niño inocente tiene que soportar este terrible sufrimiento?". Muchos consideran que preguntas de este tipo simplemente "no tienen sentido", pero esto sucede porque la mentalidad contemporánea ha perdido en gran medida la dimensión de lo divino o, por lo menos, ha ido separando la esfera física de la moral y la religiosa hasta el punto de asumir que no existe una relación entre ellas; además, se considera que el objeto de la medicina únicamente es el cuerpo del hombre, el cual a su vez es interpretado como un sistema puramente físico. Y bien, esta tampoco deja de ser una "concepción del mundo" de carácter general, que determina nuestra forma de interpretar y practicar la medicina aunque apenas estemos conscientes de ello.

Lo que hemos llamado la "concepción general del mundo" se puede indicar, más significativamente, como una "concepción filosófica". Por tanto, aun en el caso de la medicina náhuatl, es preciso describir brevemente el marco filosófico en el cual se inscribe. Sin embargo, aquí surge una objeción: ¿es correcto atribuir a los nahuas una filosofía? Esta objeción, lejos de aplicarse únicamente a esta cultura, se presenta cada vez que se habla de culturas diferentes a la occidental. Y es que, hasta tiempos relativamente recientes, era muy común la opinión que veía la filosofía como una manifestación exclusiva de la cultura occidental, a la que sólo últimamente han tenido acceso algunas élites pertenecientes a otras culturas, quienes han aceptado occidentalizarse en mayor o menor grado. Esta opinión es aceptable sólo si se considera la filosofía como una reflexión de carácter rigurosamente racional, argumentativo y sistemático, pero es menos convincente si distinguimos entre la *actitud* y los *problemas* de naturaleza filosófica por un lado, y por el otro, el *método* para enfrentarlos.

La actitud filosófica puede caracterizarse en primer lugar como una "búsqueda del por qué", y en segundo lugar, como un planteamiento "desde el punto de vista de la totalidad". La búsqueda del por qué, que coincide con el esfuerzo por encontrar las "razones" de las cosas, los hechos, los acontecimientos, se articula a su vez en la búsqueda de las "causas" y de "principios", los cuales no pueden ser encontrados al nivel de la experiencia directa, y nos permiten "explicar" y "dar sentido" a todo lo que llega a ser objeto de experiencia. Por otra parte, el punto de vista de la totalidad significa que la pregunta filosófica siempre considera las diversas realidades "como un todo", y al mismo tiempo se propone elaborar un marco coherente en el que todos los aspectos de lo real encuentren una colocación coherente. En cuanto a los *problemas* filosóficos fundamentales, éstos tienen que ver con la constitución y el origen del mundo, la naturaleza del hombre, el significado de la vida y la muerte, la posible supervivencia después de la muerte, las posibilidades de nuestro conocimiento, la naturaleza y las formas de la vida moral. A lo largo de la historia del pensamiento, a estos problemas se han ido añadiendo muchos más, los cuales, sin embargo, es innecesario enumerar.

Cuando esta actitud y estos problemas estén presentes, es legítimo afirmar que estamos en presencia de una concepción filosófica, aun cuando las respuestas que se les da se valen de *métodos* diferentes. En particular, es posible hablar de filosofía cuando estos problemas son desarrollados en obras de arte, o en mitos, o a través de alegorías, en lugar de usar el método "técnicamente" filosófico del análisis conceptual, de la argumentación lógica, de la arquitectura sistemática. Es por eso que con respecto a la cultura de Occidente es legítimo hablar, por ejemplo, de la filosofía contenida en las obras de los grandes dramaturgos trágicos griegos, en la *Divina comedia* de Dante Alighieri o en las novelas de Dostoievski, o incluso afirmar, como lo han hecho intelectuales prestigiosos, que el mayor filósofo italiano del siglo xix ha sido Giacomo Leopardi. De hecho, el mismo Platón no dudó en recurrir al mito a la hora de expresar concepciones filosóficas demasiado complejas y profundas para poder ser explicadas en un discurso argumentativo probatorio.

En el caso de la civilización del Anáhuac, nos enfrentamos precisamente a una situación de este tipo. Sus concepciones filosóficas a menudo son implícitamente expresadas en maravillosas creaciones artísticas, en la arquitectura y la escultura, en la riqueza de los colores de su pintura mural y sus códigos, así como en sus concepciones religiosas e instituciones sociales. Pero también hay formulaciones más explícitas, contenidas especialmente en obras literarias como poemas, versos y cantos. Dicho esto, sería limitante considerar que la filosofía náhuatl sólo puede ser "deducida" a partir de estos testimonios, que de alguna forma no dejan de ser indirectos. Así como la misma filosofía griega racional y sistemática se desarrolló después de un largo periodo de gestación expresando, reelaborando, criticando y sistematizando los temas contenidos en el pensamiento mítico, religioso, artístico y poético que la había precedido, de la misma forma, dentro del saber náhuatl tradicional, llegó el momento en que pequeños grupos de "hombres sabios" (los *tlamantinime*) empezaron a organizar una serie de afirmaciones para expresar (independientemente de lo que les había heredado la tradición religiosa) los problemas y respuestas que surgían en su conciencia de seres racionales frente al espectáculo del mundo, impulsados por el sentimiento de estar sumergidos en el gran entramado y misterio del universo, así como la preocupación por alcanzar la verdad y descubrir el sentido de la vida humana. Su forma de expresarse todavía está hecha de metáforas, y está contenida en aquellos textos que llevan el nombre de "flor y canto", pero ya se trata de reflexiones escritas, aunque estén redactadas en forma poética, de las que no es difícil deducir una cosmología, una teología racional, una antropología filosófica, una ética, un esbozo de la teoría del conocimiento, una *paidéia* o ideal educativo. Las únicas disciplinas filosóficas que no se derivan de los textos de estos pensadores son la ontología (es decir, una teoría general del ser como tal) y la lógica: ellas son un producto típico de la filosofía occidental, puesto que requieren un alto y refinado grado de *abstracción*, que sólo el típico *método* conceptual-racional de esta filosofía ha permitido construir. Dentro de las doctrinas filosóficas elaboradas por estos sabios nahuas, es posible hallar analogías significativas con las corrientes del pensamiento occidental como el escepticismo, el epicureismo, el estoicismo. Sin embargo, ésta no es la verdadera razón que permite atribuir la característica de "filosofía", la cual se basa, en cambio, en las razones más importantes arriba señaladas.

Existe, con respecto a la filosofía occidental, una diferencia significativa. Los textos que establecen y tratan los diversos problemas filosóficos no son atribuidos a este o aquel pensador en particular (con muy pocas excepciones, como las de Tlacaelel y Netzahualcóyotl), sino que son parte de una tradición anónima que se transmitía de generación en generación, sin ser atribuida a ningún personaje en particular, siendo más bien considerada como el legado de naciones o grupos humanos existentes en la antigüedad, preservado y transmitido con reverencia y convicción. Un hecho de este tipo se explica fácilmente teniendo en cuenta que −como hemos analizado en el capítulo dedicado a las fuentes− estos textos escritos son en realidad el resumen de una larga y compleja tradición oral.

La concepción de la divinidad

Para poder comprender el nivel sumamente elevado de refinamiento y abstracción alcanzado por el pensamiento náhuatl, no hay mejor tema que el de la naturaleza de la divinidad. Abordando este tema, es posible apreciar características profundas de la religión de esta cultura que nos costaría esclarecer si únicamente nos guiáramos por sus leyendas, rituales, concepciones o creencias particulares. Estos últimos nos remiten inevitablemente a la idea de una religiosidad politeísta, animista, "pagana" e "idólatra", que es la que se formaron los primeros conquistadores (y que no sería diferente, dicho sea de paso, a la opinión que un observador externo podría formarse sobre el cristianismo cuando su conocimiento estuviera limitado a los ritos, creencias, leyendas relativas a la Virgen, los diversos santos y sus atribuciones específicas con respecto a los eventos naturales y humanos, los efectos atribuidos a ciertas prácticas, etcétera). Esta dimensión metafísica más profunda y auténticamente "teológica" fue claramente percibida, en cambio, por esos mismos occidentales que, desde un inicio, se preocuparon por conocer y reflexionar seriamente sobre lo que los sabios nahuas les exponían, como ya hemos podido ver en el capítulo dedicado a las fuentes, hablando del trabajo de fray Bernardino de Sahagún.

A continuación, nos dedicaremos a pasar rápidamente en reseña las líneas fundamentales de la teología náhuatl, eximiéndonos de la obligación de la documentación puntual de nuestra relación, cuyos propósitos son únicamente dos: en primer lugar, a través de unas cuantas nociones de discusión filológica, será posible comprobar lo anteriormente afirmado acerca de la complejidad gramatical y sintáctica de la lengua náhuatl, y su capacidad para expresar adecuadamente incluso conceptos muy abstractos; en segundo lugar, la presentación de este núcleo metafísico nos permitirá comprender adecuadamente todas esas articulaciones de lo divino y de las diversas deidades sin las cuales corremos el riesgo de llegar a una representación distorsionada de la concepción náhuatl del cosmos y del hombre, concepciones que tienen una conexión directa, en particular, también con la medicina náhuatl.[1]

En las culturas de todas las épocas podemos encontrar la pregunta fundamental: "¿Quién hizo el universo? ¿Dónde vive? ¿Cómo está hecho?". O, dicho de forma más general: "¿Cómo y de dónde se originó el mundo? ¿Qué energías lo han producido?". De estas preguntas nace, para todas las religiones, el concepto de Dios, es decir, un ser infinito, perfecto, eterno, productor o generador de todo lo que existe, y regidor de los destinos del mundo y del hombre. La idea de una fuerza cósmica es comparable a la de una luz que rompe la oscuridad y da forma, organización, variedad y significado a lo que existe, inculcando en el hombre un sentido de respeto y miedo, que trae consigo la necesidad de honrar y amar este invisible y enigmático principio cósmico. Los nahuas llamaron *Teotl* a este principio que denota, por tanto, en un sentido general, a Dios. Este núcleo lexical esencial lo podemos encontrar en diferentes expresiones que indican las *funciones* fundamentales atribuidas al ente divino y que, por tanto, constituyen distintas *denominaciones* del mismo. Así, por ejemplo, *In neli teotl* es, para los nahuas, el principio supremo referido como "el estable, el inmaculado, el fundamento". Cuando se pasa, por así decirlo, de una visión estática a una dinámica, es decir, cuando en este principio se individua el origen, el orden y el señorío con respecto a lo que concretamente existe, este adquiere la denominación de *Ometeotl*. Este es el principio cósmico en el seno del cual todo lo existente es generado y concebido, él es el que se extiende más allá del tiempo y del espacio, el que vive por encima de todo, siendo la razón y el sostén de lo que existe y vive en lo más alto del universo.

Muchas filosofías, en Oriente y en Occidente, han concebido el principio divino de esta manera; sin embargo, como es sabido, la mayor dificultad

---

[1] Un acreditado texto de referencia, al que remitimos explícitamente al lector, es la fundamental obra de Miguel León Portilla, *La filosofía náhuatl*, anteriormente citada. En ella se tratan con amplitud y rigor documental los temas que aquí nos limitaremos a esbozar.

conceptual consiste en explicar cómo del uno haya podido surgir lo múltiple, y sabemos que este es uno de los problemas metafísico-ontológicos más complejos y controvertidos. No es casual que la solución a este problema haya sido muy a menudo individuada en una suerte de subdivisión o dinámica interna al mismo principio único y supremo. Así, por ejemplo, el pensamiento hinduista habla de una Trimurti constituida por Brahma, Vishnu y Shiva, mientras que el pensamiento cristiano habla de una Trinidad constituida por el Padre, el Hijo y el Espíritu Santo, sin que esto implique la negación de la unidad de Dios. Los anahuacas-nahuas advirtieron más claramente que otras culturas la paradoja de la dualidad-unidad que se presenta en una infinidad de manifestaciones del mundo concreto: luz-oscuridad, vida-muerte, masculino-femenino etcétera. Sintieron que, si bien estas polaridades parecen fragmentar lo real para dar lugar a la infinidad de lo múltiple, en realidad están estrictamente unidos, son partes inseparables y complementarias de la misma realidad. Al igual que Platón, entre otros, pensaron que estas divisiones y antagonismos no son más que aparentes, ya que la realidad, en su raíz profunda, es única y armoniosa. La raíz de esta unidad era precisamente Dios, en el cual se identifican la unidad y la dualidad. Por esta razón, le dieron a Dios, desde este punto de vista, el nombre de *Ometeotl*, es una expresión para designar una rica filosofía producto de una civilización culta con un pensamiento metafísico altamente sofisticado. Para adentrarnos al conocimiento detrás de este término, primero es necesario conocer el origen de la palabra, así como clarificar las confusiones interpretativas que han surgido en su estudio. El término es el resultado de la unión de *ome* (el número dos) y *Teotl* (Dios). Este nombre no significa "dos dioses" (lo cual, en el idioma náhuatl, se dice *Ome Teteo*), sino "el Dios de los dos", "el Señor de la dualidad". Denominación sumamente significativa si pensamos que *Ometeotl* fue el que dio origen al mundo, y los anahuacas se daban cuenta de que en la naturaleza todo se reproduce a través de la aportación conjunta de la pareja dual hombre-mujer. Esta es la razón por la que *Ometeotl* contiene en sí un principio masculino y uno femenino, llamados respectivamente *Ometecuhtli* (el Señor dual) y *Ometecihuatl* (la Señora Dual).[2]

---

[2]   Esta concepción de dualidad-unidad también impregna profundamente el pensamiento tradicional chino, traduciéndose en la conocida pareja de aspectos antagónicos y complementarios llamados *yang* y *yin*. Las analogías

Este principio dual vive en el lugar más alto del cielo, llamado *Omeyocan*, es decir, el lugar de la dualidad. En él, *Ometeotl* mantenía encerrados los cuatro elementos fundamentales: tierra, agua, aire y fuego, en un espacio rodeado de hermosas flores y un aroma celestial.

Este espacio sagrado, residencia de *Ometeotl*, del cual emanaba cada principio, no sólo contenía tesoros y bellezas de tipo sensible, sino también un tesoro aún más precioso: *In Xochitl, in cuicatl*, literalmente "la flor y el canto", es decir, la esencia de la poesía, el arte y el simbolismo que constituían el sagrado *nelhuayotl* y *neltiliztli*, cuyo significado es "la raíz y la verdad de las cosas". En pocas palabras, el reino de la divinidad contenía tanto los principios sensibles como los inteligibles de la realidad, la raíz de las cosas y los principios de la verdad, la sabiduría y la belleza. De lo anterior, resulta evidente que los nahuas atribuían a la expresión poético-simbólica la función de expresar las verdades más profundas: de ahí que pusieran el nombre de "flor y canto" a los textos en los que recopilaron sus doctrinas sobre el origen y el sentido del mundo y de la vida.

Unas pocas referencias etimológicas nos ayudarán a penetrar mejor la complejidad y la agudeza de esta concepción. En primer lugar, el vocablo *Teotl* presenta una admirable profundidad filosófica. *Te* es un pronombre que se refiere exclusivamente a las personas, a diferencia de *Tla* que se refiere a las cosas. Por ejemplo, para denotar fieras que devoran a los seres humanos, se utiliza el verbo *te-cua*. Por tanto, no es una exageración afirmar que una concepción personal de Dios está presente en los nahuas. La adición del sufijo *otl* o *yotl* sirve para formar sustantivos abstractos, cuyo significado depende del nombre al que se agregan: así, de *talli* (padre), se forma *tayotl* (paternidad), de *tilli* (tinta negra) se forma *tlilyotl* (el negro), de *teopixqui* (sacerdote) se forma *teopixcayotl* (sacerdocio). Por tanto, a partir de *te* (persona), se forma *Teotl* (la personalidad), quedando de esta forma claro que Dios constituye, en la filosofía náhuatl,

con el pensamiento chino no se reducen a este aspecto: sería suficiente mencionar la subdivisión cuádruple de las partes del cosmos, a la que presiden distintos principios divinos y se asocian los cuatro elementos, así como colores específicos y diversas propiedades físicas, biológicas, temperamentales, etc. La indagación de estas analogías, y de muchas otras, es un tema fascinante y enigmático, hasta ahora inexplorado. Para hacerse una idea, sería suficiente leer el libro de Marcel Granet, *La pensée chinoise*, París, Albin Michel, 1968.

una suprema sustancialización de lo abstracto, de manera sorprendentemente parecida a la concepción platónica de las Ideas, o como la teología cristiana afirma que Dios es suprema Bondad, Sabiduría, Belleza, Justicia, etc. (características que no son "propias" de Dios, sino que están identificadas con su misma naturaleza).

Este mismo procedimiento lleva al pensamiento náhuatl a introducir la dualidad como un auténtico principio. De hecho, al combinar el sustantivo *ome* (que, como hemos visto, significa dos) y el sufijo *yotl*, obtienen *Omeyotl*, que significa precisamente "dualidad"; sin embargo, dicho sustantivo no se considera como un puro concepto, sino como un atributo divino, identificándose (de acuerdo con la noción técnicamente filosófica de atributo) con la naturaleza misma de Dios. La Dualidad náhuatl, al igual que la Trinidad cristiana, no es una propiedad genérica de Dios, sino Dios mismo. De ahí que el principio creador y sostenedor del universo, según los nahuas, es *Omeyotl*: es, por así decirlo, la razón y la causa que permite el desarrollo en la realidad de esas potencialidades duales que están contenidas en *Ometeotl*. De hecho, *Omeyotl* creó una generación de elementos cósmicos intermedios entre *Ometeotl* y los hombres, y que participan de la naturaleza cósmica. Estos principios o elementos, de acuerdo con la filosofía náhuatl, son: *Tlatlauqui Tezcatlipoca, Xipe-Totec* o *Camaxtle, Quetzalcoatl* y *Huitzilopochtli*. A estos cuatro principios les fue encargada la creación del mundo visible. Otros fueron encargados de su conservación, como *Ehecatl, Tláloc, Chalchiutlicue* y *Heuhueteotl*, que son los responsables de regular los vientos, las aguas y el fuego, respectivamente. Finalmente, también están los principios de los que dependen los animales y los alimentos, como *Mixcoatl, Amimitl, Xilonen, Chicomecoatl*. En las presentaciones habituales de la religión del México antiguo, estos nombres son indicados como denotaciones de sendas divinidades, lo que facilita la impresión de una religión politeísta y animista. Sin embargo, lo poco que hemos dicho ya es suficiente para apreciar la auténtica naturaleza de esta genealogía, que en ningún caso rompe el enfoque monoteísta fundamental, y se propone explicar cómo del único principio supremo derivan y dependen los diversos constituyentes y aspectos del mundo, y su orden.

Aún más obvio es que no pueden interpretarse como identificaciones de la divinidad ciertas representaciones simbólicas suyas que son de tipo material. Típico es el caso del sol: en los escritos jeroglíficos, la palabra *Teotl* es representada con un sol. Acabamos de decir que la imagen del sol representa la "palabra" *Teotl*, para enfatizar que su *denotación* no es el astro, sino la divinidad: la representación del sol, en ausencia de una escritura alfabética, tiene el valor de un signo gráfico, es decir, de una palabra. Los nahuas, por tanto, no creían que el sol fuera la entidad suprema, sino más bien su símbolo, y la elección de este símbolo parecía totalmente natural en virtud de que éste, entre las criaturas visibles, es la manifestación más poderosa de la energía, ofreciéndole luz y calor a todos los seres. En resumen, *Teotl* era representado como el sol porque *Teotl* es la energía suprema, y el sol es la fuente máxima de energía en el mundo concreto. Y es que el culto al sol es común a muchas culturas, por razones similares a las que inducían los nahuas a practicarlo, pero en el caso de estos últimos hay elementos suficientes para decir que no eran adoradores del sol, sino adoradores de Dios, simbolizado a través de la estrella más significativa de su poder vivificante.

Para dejar claro que, al afirmar lo anterior, no estamos tratando de forzar la evidencia histórica, será suficiente mencionar algunas expresiones de las cuales resulta claro que los nahuas tenían una concepción espiritual e inmaterial de la divinidad. Por ejemplo, entre las invocaciones que se dirigían a *Ometeotl* encontramos esta: "Eres invisible e impalpable, como la noche y el aire". Lo consideraban eterno, el alma del universo, el señor de la tierra, gobernante del mundo, señor de las batallas y las riquezas (todos los epítetos con los que nos dirigimos a Dios también en la tradición bíblico-cristiana). En una de sus invocaciones, leemos: "con tu mirada penetras las piedras, viendo lo que está oculto, y por la misma razón ves y entiendes lo que hay dentro de nuestros corazones y ves nuestros pensamientos". Refiriéndose a *Ometeotl*, Mendieta (el redactor del código mencionado en el capítulo sobre las fuentes), afirma: "Es el símbolo creador dual *–Moyocoatzin ayac oquiocox, ayac oquipic–* lo que significa que nadie lo creó, lo formó, sino que, con su autoridad y voluntad, lo produce todo".

Es importante señalar también que en la "espiritualidad", que no religión de los anahuacas, no existía idolatría, toda vez, que cada 52 años se destruían las figuras con las que se representaban las múltiples manifestaciones de Moyocoatzin, llamado también Ipalnemohuani que significa "Aquél por quien se vive", que era: invisible, impalpable e innombrable, es decir, era una abstracción, ya que era una "frecuencia vibracional".

Resumiendo, podríamos decir que el discurso náhuatl sobre la divinidad (*Ometeotl*) se articulaba más o menos de acuerdo con las siguientes líneas: sabemos que Él no puede ser más que *uno*. Por tanto, no existe en Él ni lo masculino ni lo femenino, porque estas limitaciones duales son en Él la unidad. Pero nada nos impide, ya que hablamos de él en términos poéticos, concebirlo como si fuera parecido a nosotros, imaginándolo como *Ometecutli* y *Omechihuatl* ("Señor del dos" y "Señora del dos"), como *In tonan in tota* ("nuestro padre y nuestra madre"), como "padre y madre" de las cuatro divinidades principales arriba mencionadas (los cuatro *Tezcatlipocas*), como "abuelo y abuela" de sus hijos, y así sucesivamente. La genealogía sigue hasta llegar a este mundo cambiante y voluble, confuso, lleno de antagonismos, en el que vemos unas "divinidades" limitadas y en guerra entre ellas. Estas limitaciones, estas luchas, son reales únicamente para nosotros, son *flor y canto*, y nos ayudan a comprender mejor su unidad y su armonía.

Esta visión no es nada inusual dentro de la misma filosofía occidental: expresa la idea de una identidad profunda entre lo divino y lo terrenal, concibe el mundo como una "manifestación" de la divinidad la cual, más que producir el mundo separándolo de sí misma, lo impregna y forja desde adentro, identificándose con él. Es la conocida figura filosófica del *panteísmo*, que nos impide hacer una separación tajante entre lo divino y lo humano, entre lo material y lo espiritual: los *distingue* sin *separarlos*. A partir de Heráclito, quien dijo que "el mundo está lleno de dioses", siguiendo con los estoicos, Plotino, toda la tradición neoplatónica, el pensamiento de Bruno y Spinoza, el mismo idealismo trascendental de Schelling y Hegel, y llegando hasta la visión cosmológica de Einstein, esta concepción del mundo nunca ha dejado de estar presente en el seno de la cultura occidental. Precisamente esta filosofía es también la de los nahuas.

Asumiendo un punto de vista estrictamente religioso, podemos decir que los antiguos mexicanos no eran precisamente politeístas, sino más bien *monistas*. Y es que existen concepciones religiosas *estrictamente* monoteístas, como la judeo-cristiana o la musulmana; existen concepciones verdaderamente politeístas, como las del antiguo paganismo grecorromano y de muchas culturas "menores"; y existen concepciones auténticamente monistas, como el hinduismo, que incluye una cantidad innumerable de deidades, pero las considera como manifestaciones de la única deidad suprema: Brahma. Esta era precisamente la concepción de los nahuas, quienes admitían varias y confusas divinidades las cuales, sin embargo, eran todas consideradas como manifestaciones parciales del único *Ometeotl*. Se entiende así como fray Bernardino de Sahagún podía afirmar que, básicamente, la concepción religiosa de los mexicanos no contrastaba con el Cristianismo, ya que ellos le reconocían a la divinidad los mismos rasgos esenciales del Dios cristiano. Se podría observar que este juicio era demasiado optimista, porque la de los nahuas parece ser una religión *inmanentista*, mientras que el monoteísmo judeo-cristiano es rigurosamente *transcendentista*, es decir, exige una clara diferencia de naturaleza entre Dios y la creación. Sin embargo, este aspecto no debe ser sobreestimado. De hecho, es bien sabido el inmenso esfuerzo que les costó a los teólogos cristianos conciliar la trascendencia de Dios con la tesis de que Dios es omnipresente en el mundo; que, de acuerdo con san Pablo, "está dentro de nosotros más que nosotros mismos". Y se sabe que muchos pensadores cristianos, especialmente antes del redescubrimiento medieval de Aristóteles, pero también más tarde, encuadraron su teología en el marco del neoplatonismo. En realidad, sólo el concepto (filosóficamente muy difícil de definir) de *creación* puede ofrecer alguna solución a este problema.

Probablemente sería excesivo pretender que el concepto de creación esté disponible para una cultura tan diversa como la de los nahuas. Por tanto, cuando se usa el término "crear" para traducir algunas de sus doctrinas, es prudente entenderlo en el sentido amplio de "producir", casi de acuerdo con la "emanación" plotiniana, más que en el sentido técnico de la *creatio ex nihilo* de la teología cristiana. Sin embargo, aun así no faltan las sorpresas. Entre las cualificaciones atribuidas a *Ometeotl*, se encuentran en los textos las siguientes: *Moyocoyani* y *teyocoyani*. En ambos casos, se trata del participio presente del verbo *yucuya* o *yocoya* (que significa "idear", "forjar con pensamiento"), al que se le añade en el primer caso el prefijo reflexivo *mo* (que significa "sí mismo"), y en el segundo caso el prefijo transitivo de persona que ya conocemos, *te* (que significa "los otros"). La unión de las dos denominaciones significa, por lo tanto, que *Ometeotl* es "el que, pensando, confiere la esencia a sí mismo y a todos los demás". ¿Cómo negar que en esta concepción se encuentra una analogía impresionante con el concepto teológico cristiano de Dios como *ens a se*, como causa incausada, y con la tesis bíblico-cristiana según la cual Dios crea el mundo pensándolo? El hecho de que *Ometeotl* le dé la existencia "a todos los demás" reitera que los demás "dioses" también son sus criaturas, o mejor dicho (como ya se ha especificado) sus aspectos parciales.

En esta visión podemos percibir cómo la unidad de Dios confiere un orden y un sentido no sólo a todo el universo, sino también a la vida de los hombres e incluso a la muerte (es decir, cómo ésta también contiene una escatología). Por tanto, cerramos este rápido *excursus* citando una última invocación a *Ometeotl: Totecuiyo in ilhuichua in tlatipaque in mictlane*, que significa "nuestro Señor, amo del cielo, de la tierra y la región de los muertos": incluso después de la muerte, el hombre permanece bajo la benevolente y ordenadora custodia de Dios.

Antes de concluir el argumento, me gustaría hacer una aclaración que considero pertinente.

La concepción del cosmos

Toda cosmología filosófica se propone interpretar la estructura y el devenir de los fenómenos del mundo visible de acuerdo con un esquema racional que permita abarcarlos en su totalidad. Es, pues, inevitable que atribuya cierto significado filosófico al espacio y al tiempo. No son excepción, a esta regla general, las cosmologías científicas contemporáneas, dentro de las cuales las nociones de espacio y tiempo, precisamente, juegan un papel a todas luces fundamental. Dividiremos este capítulo en dos partes, respectivamente dedicadas al tema de "regiones cósmicas" y de las "eras cósmicas" en el pensamiento náhuatl.

Las cuatro regiones cósmicas y sus colores

Los nahuas tenían una concepción sagrada del espacio. No es de extrañar, si consideramos que el concepto de "orden" incluye como núcleo primitivo el de una disposición bella e inteligible de las partes en el espacio, y es que los nahuas reconducían a un principio divino la inteligibilidad del cosmos.

Mientras que el Oriente concibió a la existencia como una lucha perpetua entre luz y oscuridad, bien y mal, vida y muerte, las culturas del Anáhuac adoptaron el concepto de unidad de los opuestos como se conoce también en China.

Con motivo del ascenso y descenso de la fuerza vital, el hombre se asemeja a la del sol y la luna, y la vida del hombre no es mero crecimiento como el crecimiento del árbol, sino que al mismo tiempo es un viaje igual que el sol, el hombre viaja en las cuatro direcciones de la rosa de los vientos y sus valores simbólicos; y va al este, al oeste, hacia el norte y hacia al sur. El hombre como la serpiente, puede moverse desde su base en todas las direcciones, su vida es serpentina, con ascensos, descensos y cambios. Siendo así que el ordenamiento más fundamental que los hombres han descubierto desde las épocas más remotas es el de los cuatro puntos llamados, no casualmente, "cardinales" (relacionados con la observación del movimiento solar). A cada uno de ellos, los nahuas asociaban uno de los cuatro principios creadores "secundarios" anteriormente mencionados: *Tezcatlipoca, Huitzilopochtli, Quetzalcoatl, Xipe Totec* o *Camaxtle,* los cuales gobernaban la región del universo correspondiente, y se caracterizaban por un color y un atributo propio, de la manera que a continuación describiremos.

a) El norte, su principio es *Tezcatlipoca,*[3] cuyo color es el negro y cuyo atributo es la astucia. Como suele pasar en la historia de las religiones

---

[3] Más precisamente, el término *Tezcatlipoca* sirve para designar indiscriminadamente los cuatro principios cósmicos secundarios, que se distinguen a su vez con base en el color que le corresponde a cada uno. Sin embargo,

y las mitologías, estas deidades se mezclan con personajes legendarios o semihistóricos que constituyen una especie de encarnación de los mismos. Así, encontramos a *Tezcatlipoca* en la historia de los toltecas, en la que se narra que él mismo, recurriendo a ingeniosas estratagemas, logró asegurarse de que el gobernador tolteca Quetzalcóatl, famoso por su sabiduría, su virtud, la práctica del ayuno y la meditación, ingiriera el *octli* (correspondiente a lo que hoy en día se conoce como pulque) hasta embriagarse, obteniendo de tal manera su destitución y convirtiéndose en señor de sus territorios. Por esta razón, *Tezcatlipoca* también se conoce como el sembrador de la discordia.

Tezcatlipoca, desde el punto de vista etimológico, significa "espejo humeante", correspondiente al hecho de que el negro era su color. Pero esta expresión entraña significados más profundos: para los nahuas, los espejos no se usaban principalmente para contemplar su propio rostro, sino para propósitos adivinatorios y como símbolo de autoridad: el que sostiene el espejo ve en él todas las cosas, y las domina. Un "Espejo negro" es la contraparte lógica de un "Gemelo espléndido" (se trata, como veremos, de Quetzalcóatl): representa la parte oscura de la realidad, que contrasta con la luz. El norte también fue considerado como la sede del reino de los muertos, el *Mictlampa*.

b) El sur (*Huitzilopochtli*) es el principio que rige esta región cósmica; su color es el azul. Todo un universo mítico gira en torno a este principio creador secundario. Etimológicamente, su nombre deriva de *huitzil* (colibrí) y *opochtli* (zurdo) y, por tanto, significa "colibrí zurdo, izquierdo o sureño".

El órgano más grande que tiene un colibrí es el corazón, fuente de la voluntad. Es capaz de hibernar durante 40 días, llegando a parecer un animal muerto. Es la voluntad de su ser la que le despierta y le vuelve a la vida.

---

mientras que los otros tres también recibieron otros nombres propios (los anteriormente indicados), el *Tezcatlipoca* Negro permaneció sin denominación y, por tanto, es habitual referirse a él cuando se usa la simple palabra *Tezcatlipoca*, entre otras cosas porque, según la mitología náhuatl, terminó dominándolos a todos.

Por eso representa la fuerza de voluntad y la resurrección, ya que esta ave es la única capaz de volar en cualquier dirección y sentido que desee, hacia adelante, hacia atrás, hacia arriba o hacia abajo, puede volar en el mismo sitio sin desplazarse, puede volar con la panza hacia el cielo, cambiar de dirección y sentido en fracciones de segundo y desplazarse grandes distancias en sus migraciones anuales. Dilata su percepción del tiempo, es capaz de mover sus alas 55 veces por segundo mientras está quieto, 61 veces por segundo cuando se mueve hacia atrás y 75 cuando va hacia adelante. Y todo sólo con la energía que le otorga el néctar de las flores. Una gran demostración de voluntad en un ave del tamaño de un insecto. Sus proezas son reflejo de su alma, de su voluntad.

Y estas proezas del *huitzil*, el ave que zumba, no pasaron inadvertidas a nuestros ancestros, a los cuales la naturaleza del colibrí causó admiración y constituyó un gran ejemplo a seguir. Tanto fue así que le dieron este nombre a una de las principales filosofías, la filosofía de *Huitzilopochtli* del colibrí sureño, que nos dice que es la fuerza de voluntad la que nos ayudará a vencer al enemigo más poderoso que tenemos, *Necoc Yaotl*, el guerrero de sí mismo. Nosotros somos nuestro peor enemigo. Nuestras armas para luchar contra él son la flor y el canto, apoyados en nuestra fuerza de voluntad para ser impecables, con la energía.

En cuanto al adjetivo "zurdo", deriva del hecho de que, en la cosmología náhuatl, el sur estaba ubicado a la izquierda del norte, como su opuesto. Por esta misma razón, también fue designado como *Huiztlampa*, es decir, "el lugar de las espinas", de las asperezas que deben superarse para garantizar la vida. La vida exige la presencia del corazón, fuente del movimiento vital, y surge y se conserva a través de una lucha continua. Es por eso que, para los nahuas, nada era más bello y divino que el dar vida, y el nombre de *Huitzilopochtli* sintetizaba este poderoso ideal.

Uno podría preguntarse ¿era *Huitzil* considerado un dios? La respuesta es no. Simplemente la voluntad y fuerza que inspiraron a una gran civilización a llevar su voluntad hasta donde su corazón les permitió. Una de las grandes enseñanzas que día a día nos da la naturaleza, pero que hemos dejado de apreciar.

c) El oriente: su principio es *Quetzalcóatl,* asociado al color blanco. Ésta es también una figura particularmente compleja, misteriosa e interesante en la mitología náhuatl. Identificado como símbolo cósmico, es el eje de las culturas de la civilización del Anáhuac. Su nombre significa indistintamente "serpiente quetzal con hermosas plumas" o "gemelo espléndido" (no serpiente emplumada como erróneamente se le traduce). De hecho, *quetzalli* significa tanto "hermosa pluma" como la misma belleza, mientras que *coatl* puede significar tanto "serpiente" como "hermano gemelo". Su concepto abarca el mundo superior del pájaro que todo lo domina, la ligereza de la mariposa, el mundo subterráneo de la serpiente y el mundo central del hombre, quien es representado con frecuencia dentro de las mandíbulas de la misma. Como símbolo que abarca el mundo, la serpiente en efecto es el símbolo de continente y guardián del mundo.

La serpiente-nube con formas cambiantes volando por el cielo es el continente y guardián de la lluvia, símbolo de la vida que da el agua y la creación. Como serpiente-huracán, absorbiéndolo todo en el embudo del huracán, es la destrucción final, en este sentido la serpiente es el símbolo de la aniquilación. La serpiente-fuego con su flama como plumas multicolores, es el continente y guardián del fuego, se le representa animando al sol con su aliento.

Este principio puede también servir, para indicar la dualidad del cielo y la tierra reconducida a la unidad, pero también la parte bella y positiva de cualquier realidad. En este caso también hay una identificación de *Quetzalcóatl* con un personaje histórico. Según la mitología, se trataba de un rey de Tula, quien enseñó a sus súbditos todas las cosas bellas y positivas que el hombre conoce: la agricultura, la artesanía, la orfebrería, etc. Era un monarca bueno y paterno, y su reinado alcanzó un gran progreso, hasta que su rival *Tezcatlipoca* logró emborracharlo y hacerlo pecar sexualmente durante el estado de ebriedad. Tanto la embriaguez como la lujuria eran consideradas culpas muy graves en la ética náhuatl, de modo que cuando despertó, lleno de vergüenza, se arrojó al fuego para purificarse. Murió y resucitó, pero como aún no se sentía lo suficientemente digno para ejercer las funciones reales, partió para un exilio voluntario, dirigiéndose hacia el este en una balsa de serpientes, y prometiendo que volvería para retomar sus funciones cuando lo considerara oportuno. Por tanto, en los pueblos de lengua náhuatl se arraigó una espera mesiánica generalizada del regreso de Quetzalcóatl, lo que hizo posible que se produjera de una amplia gama de verdaderas o presuntas reencarnaciones de éste, de modo que muchas figuras míticas o históricas fueron indicadas con este nombre, el cual acabó denotando básicamente tres cosas distintas: el principio divino antes mencionado, el personaje histórico del rey de Tula, el sacerdote (de hecho, los dos poseedores del sumo sacerdocio de Tenochtitlan tenían esta denominación). Como es bien sabido, aprovechando hábilmente una serie de coincidencias con la leyenda de Quetzalcóatl, Cortés logró que los indígenas lo consideraran una reencarnación del dios, que por fin volvía a retomar su reinado, lo cual lo ayudó considerablemente en su conquista de México.

d) El Occidente: su principio cósmico es *Xipe Tótec*, también llamado *Camaxtle*, caracterizado por su color rojo. Su atributo es la fuerza. *Tótec* proviene de *to* ("nuestro"), y *tecutli* ("señor"), que significa "nuestro Señor", mientras que *Xipe* deriva del verbo *xipehua* ("desollar), por lo que la denominación completa significa "nuestro Señor desollado". *Camaxtle* era el nombre con el que lo denominaba la gente de Tlaxcala y Huejotzingo, pero la etimología de esta palabra es incierta. De los cuatro principios cósmicos éste es, en cierto sentido, el menos importante, y poco se dice de él en los documentos.

e) Finalmente, recordamos que según el pensamiento náhuatl también existe una quinta región cósmica o punto cardinal, el *Tlaxicoco* (el ombligo del mundo o centro del universo), cuya importancia consiste en el hecho de que es constituido por la superficie de la Tierra, donde el hombre pone la planta de sus pies y a través del cual transita su vida. Podemos ver entonces que los nahuas también tenían una concepción geocéntrica, con motivaciones metafísicas totalmente análogas a las que sostuvieron durante siglos el geocentrismo occidental.

La topografía del cosmos náhuatl

Las cinco regiones cósmicas arriba descritas constituyen el marco general del universo náhuatl, cuya estructura detallada resulta de una combinación de otros factores de naturaleza metafísica. La explicaremos siguiendo principalmente la descripción que de ella se hace en el *Código del Vaticano* (mencionado en el capítulo sobre las fuentes), el más completo a este respecto.

El primero de estos criterios metafísicos es dado por la diferencia entre lo alto y lo bajo, que reviste el significado simbólico común a muchas culturas: lo alto es la región de los cielos y, cuanto más se asciende, más nos aproximamos al lugar de la divinidad; lo bajo se encuentra descendiendo hacia las entrañas de la tierra, y en el fondo se encuentra el reino de los muertos. Este verdadero eje o vector vertical se cruza entonces con una serie de planos, y es que el pensamiento náhuatl no contempla la idea de la forma esférica de los cielos y del movimiento circular que los caracteriza: los cielos son pensados como regiones cósmicas superpuestas, separadas entre ellas por planos horizontales, cada uno de los cuales es al mismo tiempo lo que podríamos llamar un piso y una superficie por encima de la cual se mueven los cuerpos celestes (llamada por los indígenas "la marcha de las estrellas por los caminos del cielo").

Entre el mundo celeste y el mundo infraterrestre (al que de ahora en adelante llamaremos "inframundo") hay una simetría polar: las regiones celestes están separadas de las regiones del inframundo por la superficie terrestre. De esta manera, el principio dual, fundamental en la filosofía náhuatl, se refleja en la topología del universo, mientras que la superficie de la tierra representa la traducción física del nexo unitario, no menos fundamental en esta filosofía, ya que en la superficie de la tierra se ejercen simultáneamente las acciones provenientes de los cielos y el inframundo.

Los cielos son trece (pero los dos más altos se encuentran a veces unificados, de modo que en algunos textos y pictografías nahuas se fusionan para indicar el lugar de la divinidad, es decir, el *omeyocan* del que ya hemos hablado: de ahí que algunos autores hablen, sin contradicción, de doce cielos). Siguiendo el orden descendente, los cielos undécimo, décimo y noveno son denominados genéricamente con base en el color de la divinidad que los preside (cielo del dios blanco, del dios amarillo y del dios rojo). El octavo cielo es designado como "el lugar cuyos ángulos están hechos de láminas de obsidiana",[4] mientras que el séptimo y sexto se caracterizan nuevamente por un color (respectivamente, el cielo azul verdoso y el cielo negruzco). El quinto cielo se conoce como el "cielo en el que se realiza el recorrido": probablemente esta denominación aluda al hecho de que es el lugar de la transición de los nueve cielos propiamente dichos y los cuatro cielos inferiores, que pertenecían a una zona "central". Esta subdivisión permite obtener una simetría numérica uniforme en la topografía del cosmos: de hecho, a los nueve cielos superiores corresponden, por antítesis polar, los nueve niveles del inframundo, mientras que otros cuatro niveles (también llamados cielos inferiores), junto con la superficie terrestre, constituyen la zona central, lo que nos permite también dejar más claro el papel del número cinco (que, como hemos visto, aparece en la repartición de las regiones cósmicas).

Ascendiendo desde la Tierra, el primero de estos cielos inferiores es el de *Tlalocan* o de la Luna, el segundo el de *Citlalicue*, el tercero es el del Sol, el cuarto es el llamado "lugar de la sal". En este último reside *Huixtocíhuatl*, diosa de las aguas saladas del océano, y es el que rodea la superficie terrestre y se eleva en columnas ascendentes, abarcando los primeros tres cielos hasta alcanzar los cielos propiamente dichos constituyendo su basamento. Con respecto a la cosmología occidental antigua, se puede observar una analogía y una diferencia interesantes: el cielo de la luna constituye la separación entre el mundo terrestre y el celeste (al igual que en la cosmología occidental, donde se distinguía el reino supralunar celeste del sublunar terrestre); viceversa, el "lugar natural" del agua se encuentra más alto que el de la tierra, en vez de encontrarse más abajo. Probablemente esta diferencia

---

[4] La obsidiana, como sabemos, es una piedra volcánica de excepcional dureza, además de ser brillante y presentarse en varios colores (siendo en todo caso el negro el color predominante). Prestándose a ser finamente pulida, terminó ejerciendo entre las poblaciones mexicanas el papel que en otras culturas juega el hierro. Con ella se realizaban, entre otras cosas, puntas de flechas y lanzas, así como diversos adornos y objetos que incluyen, en particular, los cuchillos sacrificiales utilizados por los sacerdotes, así como ciertos instrumentos quirúrgicos. Así las cosas, es fácilmente entendible el hecho de que fuera considerada un material precioso, lo cual explica las frecuentes referencias a ella, como veremos más adelante.

se deba al hecho de que el origen de las aguas era individuado en las lluvias, las cuales efectivamente "caen del cielo".

Continuando hacia abajo, encontramos otros nueve niveles, los del inframundo, que algunos estudiosos llaman correctamente "niveles terrestres", queriendo subrayar el hecho de que se encuentran descendiendo hacia las entrañas de la Tierra.

Esta imagen es muy sugestiva, ya que no sólo representa la Tierra como una matriz inmensa en la que se arraigan (como veremos) la mayor parte de las cosas visibles, sino también resuelve el problema de determinar el límite inferior del universo: y es que si estos niveles hubiesen sido concebidos como situados debajo de la Tierra, no habría sido posible explicar dónde terminan; viceversa, al estar contenidos en las entrañas de la Tierra, esta última constituye el lugar inferior "absoluto", por así decirlo, del cosmos (nótese que la cosmología clásica occidental obtiene el mismo resultado gracias a la concepción geocéntrica esférica: el centro de la Tierra es el punto más bajo del universo en un sentido absoluto).

De acuerdo con la concepción metafísica que acabamos de esbozar, los nombres con los que se denominan los niveles del inframundo se refieren a propiedades *físicas* y, al mismo tiempo, aluden a una serie de dificultades que los muertos tienen que superar para llegar al *Mictlan*, es decir, su propia sede constituida por el noveno y último piso inferior del inframundo. El primer nivel está constituido por la misma Tierra (concebida como la parte situada directamente debajo de su superficie); el segundo es el *Apanohuayan,* el lugar de las aguas subterráneas; el tercero es el *Tepetl Monamamicyan,* en el que radican las montañas; el cuarto es *Itztépetl,* una montaña de obsidiana; el quinto es *Itzehecayan,* lugar del viento de obsidiana; el sexto es el *Pancuecuetlacayan,* en el que se ondean las banderas; el séptimo es *Temiminaloyan,* en el que las personas son "golpeadas" de muchas maneras (es decir, sometidas a pruebas físicas y emocionales de varios tipos); el octavo es el *Teyollocualoyan,* en el que se comen los corazones de las personas; el noveno es *Itzmictlan Apochcalocan,* la sede de los muertos, hecha de obsidiana y sin orificio para el humo.

Sin ahondar demasiado en detalles, nos limitaremos a algunas observaciones más significativas. La existencia de un nivel del inframundo por el que pasan las aguas expresa la concepción según la cual éstas no rodean todo el universo, sino únicamente los niveles centrales. Al mismo tiempo, la idea de que las montañas tienen sus raíces profundamente enraizadas en las entrañas de la Tierra explica la creencia de que las grandes montañas, con sus cumbres envueltas en nubes, ocultan el acceso al *Tlalocan*, el paraíso de *Tláloc*, dios de la lluvia, ubicado en el primer cielo inferior. Este lugar era el destino de los que morían ahogados, o golpeados por un rayo, o por causa de enfermedades relacionadas con dicha divinidad. Ellos eran privilegiados, ya que podían aprovechar una primavera prolongada, destinada a durar hasta el final del "quinto sol" (es decir, como veremos más adelante, al final de la era cósmica actual). Al mismo tiempo, las cavernas que se abren en las montañas podían dar acceso a las profundidades del inframundo. Este conjunto de hechos nos ayuda a comprender por qué las deidades como *Tláloc* incluían en sus acciones aspectos contradictorios, como el enviar enfermedades "frías" (relacionado con el agua) y al mismo tiempo controlar la acción de plantas como el *ololiuhqui* (cuyo nombre botánico es *curbina corymbosa*), consideradas de naturaleza celeste (y, por tanto, "caliente") y, sin embargo, declaradas "frías" en algunos textos de la época. Para comprender éstas y otras ambigüedades, es esencial no perder de vista la característica fundamental del centro (es decir, de la superficie terrestre), que es su participación –o mejor dicho, su sujeción– a las influencias del cielo y del inframundo. Estas influencias se producían diariamente en la zona central del cosmos, descendiendo sobre la superficie de la Tierra desde lo alto de los primeros cuatro cielos, y ascendiendo desde las dos primeras regiones infraterrestres: agua, rayos, vientos, seres de la más variada índole y naturaleza iban y venían dentro de este espacio central, pudiendo producir cambios en el equilibrio de cierta área terrestre (por ejemplo, huracanes o cataclismos) y atacar a los seres vivientes que ahí vivían.

Estos diferentes seres e influjos alcanzaban la superficie terrestre siguiendo algunos caminos fundamentales. En primer lugar, a lo largo del eje central del universo, que cortaba ortogonalmente el plano horizontal de la superficie de la Tierra. En segundo lugar, a lo largo de cuatro pilares, cada uno ubicado en las cuatro esquinas de la superficie terrestre (cuya figuración resulta por ende ser la de un gran rectángulo), y que sostenían los cielos. A veces son representados en forma de árboles cósmicos. Dos pares de correas helicoidales entrelazadas entre sí y en constante movimiento representaban el ir y venir de los influjos celestes. En los códigos, éstas son representadas mediante el glifo *ollin*, símbolo del movimiento, característico del devenir y de la vida. De importancia secundaria son otros "pasajes", especialmente ciertos lugares peligrosos (*ohuican*), puntos de ascenso a los cielos o, más frecuentemente, de descenso al inframundo, como cuevas, manantiales, cumbres de montañas, a través de los cuales, en una forma más reducida, se realizaban impactos entre otras características del mundo visible.

La relación entre los dos ejes del universo permite establecer secuencias que, al ser medidas, caen dentro del marco del tiempo y, en consecuencia, se pueden inscribir en el calendario, y más precisamente en el calendario *tonalpohualli* o calendario adivinatorio. En éste era posible leer la sucesión ordenada de movimientos cósmicos plasmados en ciertos ciclos. De hecho, se pensaba que las fuerzas generadas en los diversos sectores del universo fluían en los árboles cósmicos en días preestablecidos: a través del árbol del norte en los días llamados del ocelote, de la muerte, del sílex, del perro y del viento; a través del árbol del oeste en los días del ciervo, de la lluvia, del mono, de la casa y del águila; a través del árbol del sur en los días de la flor, del lagarto, del urubú, del rey y del conejo; a través del árbol del este en los días de la caña, de la serpiente, del movimiento y del agua. Incluso los años eran sometidos a este tipo de clasificación: los años del sílex estaban predispuestos a recibir influjos a través del árbol del norte, los años de la casa a través del árbol del oeste, los años del conejo a través del árbol del sur, y los años de la caña a través del árbol del este. Del cruce de todas estas características, se obtenía la situación concreta de cada siglo, de cada año, de cada día y, al extender este tipo de consideración a periodos más amplios, se superponían las secuencias según el mismo esquema compositivo, y éste acababa expresando revoluciones, en torno a su propio eje, de secciones concretas del universo.

Es totalmente superfluo subrayar el hecho de que en este arte adivinatorio, fuertemente correlacionado con las características metafísicas del espacio "sagrado" del cosmos náhuatl, podían producirse prácticas y doctrinas sustancialmente similares a las que se encuentran en la astrología del mundo occidental, cuya fundamental importancia para poder comprender la historia de la medicina ya tuvimos la ocasión de explicar en la "Introducción".

Las eras cósmicas

Las últimas consideraciones de la sección anterior nos han llevado a considerar el tiempo en su forma más concreta y medible, constituida por el calendario. Este sería un buen punto de partida para abordar los sumamente avanzados conocimientos astronómicos y matemáticos que permitieron a las poblaciones del antiguo México desarrollar una ciencia del calendario de precisión extrema (todos conocen el elegante disco del "calendario azteca", no solamente repleto de subdivisiones, colores, símbolos de significado filosófico-religioso, sino también extremadamente exacto para la predicción de fechas hasta más allá del año 2000 de nuestra era). Sin embargo, se trata de un tema que no se encuentra dentro de los objetivos de nuestro estudio, para el cual en cambio es significativo considerar la concepción "global" del tiempo cósmico presente en el pensamiento náhuatl.

La cultura occidental no ha conocido una verdadera concepción histórico-dinámica del universo, con la excepción (en todo caso parcial) del relato bíblico del diluvio universal. En éste, se expresa la idea de una destrucción y sucesivo renacimiento del mundo, obrada por Dios para castigar la maldad de los hombres: sin embargo, se limita a una destrucción por ahogamiento de hombres y animales, los cuales por lo demás pueden reproducirse después del diluvio, habiéndose conservado las respectivas parejas reproductoras en el arca de Noé. Viceversa, los nahuas elaboraron una visión del devenir cósmico considerablemente más compleja, posiblemente debido al más nutrido depósito de recuerdos y fósiles disponibles en su territorio (mucho más extenso que Palestina o el mismo Mediterráneo), así como a la presencia de volcanes activos, cuyas tremendas erupciones hacían claramente pensar a un cataclismo universal. Es por esta razón que ellos conservaban en su inconsciente colectivo, al igual que muchos otros pueblos, el recuerdo de inundaciones gigantescas (fruto del retiro de hielo al final de la última glaciación geológica),

encontraban conchas y peces fosilizados incluso en las cimas de las montañas, desenterraban huesos gigantescos que atribuían a monstruos o gigantes
que habían vivido en otras épocas, y ciertamente no podían olvidar las escenas apocalípticas de las últimas grandes erupciones volcánicas, de las cuales
hay, en sus crónicas, descripciones muy precisas (lluvias de fuego, cenizas,
lascas incandescentes). Y es que no podemos olvidar que la idea de una historia de la tierra, preludio de la geología, nació en el Occidente científico precisamente a partir del esfuerzo por interpretar los fósiles y, a pesar de una
mentalidad científica ya bien establecida, no pudo evitar buscar una armonización con el relato bíblico (es por eso que el gran paleontólogo Cuvier propuso la teoría de cataclismos sucesivos, cada uno de los cuales destruyó las
formas de vida existentes, después de las cuales tuvieron lugar sendas "creaciones sucesivas"; sólo la teoría de la evolución propuso una explicación diferente, totalmente "desacralizada", de estos eventos).

Los nahuas pudieron proponer una visión histórico-dinámica del cosmos
precisamente porque ésta se enmarcaba en el conjunto de principios metafí-
sico-cosmológicos que ya pudimos tomar en consideración: gracias a su concepción de la dualidad polar omnipresente, ellos concibieron los principios
cosmológicos fundamentales no en un sentido estático, sino más bien dinámico
y antagonista. Antes de ser armonizables, estaban en una lucha perpetua entre
sí, cada uno tratando de prevalecer sobre los demás sin nunca realmente lograrlo. De esta manera, cuando un principio se imponía, daba lugar a cierto tipo de
universo (llamado en los textos "sol"), el cual presentaba las características típicas de ese principio. Sin embargo, al cabo de un tiempo relativamente breve
éste terminaba sucumbiendo, totalmente destruido, y siendo sucedido por otro
"sol", dominado por un principio diferente. De esta manera, según los nahuas,
en el pasado se habían sucedido cuatro soles, y nosotros vivimos en el quinto
sol, a su vez destinado a desaparecer en un cataclismo cósmico. No es preciso
aquí demorarnos en la descripción de estos soles, entre otras razones porque
ésta aparece en no menos de una decena de documentos diferentes, que presentan diferencias significativas como consecuencia de la abundante mitología
que las acompaña y que varía de acuerdo con las culturas que los han producido. Nos limitaremos entonces a un esbozo muy esquemático, agregando que

los sabios nahuas no se conformaron con registrar los mitos tradicionales, sino que, en un esfuerzo "racionalista", intentaron evaluar la duración de las diferentes eras cósmicas basándose en sus propios calendarios.

Estos soles son a veces denominados como el del Viento, el del Agua, el del Fuego y el de la Tierra (con una clara alusión a los cuatro elementos fundamentales), sin embargo, su denominación es en parte diferente en las reconstrucciones más elaboradas, en las que el nombre del Sol se deriva de la indicación del agente destructor que causó su fin, en un día exactamente determinado cuya denominación corresponde al cuarto día del signo atribuido a la fuerza destructiva. De esta manera, el primer sol lleva el nombre del Tigre porque se dice que fue destruido por una horda de monstruos terrestres devoradores de todas las formas de vida, y por esta razón también expresa la acción del elemento Tierra. El segundo lleva el nombre del Viento (expresando a la vez el poder destructivo del elemento Aire): un viento terrible azotó a la raza humana, y los hombres se convirtieron en monos. El tercer sol lleva el nombre de la Lluvia, ya que fue destruido por una gran lluvia de Fuego, y los que vivían en este sol se convirtieron en pavos. El cuarto sol lleva el nombre de Agua, al haber sido destruido por una terrible inundación causada por lluvias torrenciales, y sus habitantes se convirtieron en peces. Finalmente, el quinto sol, en el que aún vivimos, lleva el nombre de "Sol del Movimiento" y, coherentemente con las denominaciones anteriores, éste indica la causa (presunta) de su futura destrucción. La importancia de este sol reside en el hecho de que, en él, las deidades se propusieron crear de nueva cuenta los hombres (destruidos por los cataclismos que provocaron el final de cada uno de los soles anteriores). En el siguiente capítulo, dedicado a la antropología filosófica náhuatl, hablaremos de los mitos relacionados con la creación del hombre. Por otra parte, es interesante observar que, con este sol, entra a formar parte de la cosmología náhuatl el concepto de movimiento, de considerable importancia para la delineación de la imagen y el destino del mundo.

Pasemos ahora a algunas consideraciones de carácter general. Común a todos estos mitos es el concepto de la finitud de lo existente: la pura posibilidad de que el Sol (y el mundo que se alimenta con su energía) pueda ser destruido, e incluso la creencia de que esto, de hecho, sucede periódicamente, sitúa al hombre náhuatl en un estado de inseguridad frente al cosmos. Sólo Ometeotl, el principio creador no creado, dotado de la doble naturaleza masculina y femenina y, como tal, señor de todos los contrastes, dualidades y polaridades que hacen posible la existencia del universo, era considerado más allá del tiempo, inmanente a toda realidad y, por tanto, dotado de las características de la eternidad. Todo el resto del universo es un producto de la creación y, por ende, habiendo tenido un inicio, necesariamente también tendrá un fin. Hombres, animales, espíritus, entidades celestes o del inframundo, planetas, divinidades, todos ellos necesariamente deben morir. Lo único que puede variar es la vida de cada una de estas entidades, pero la muerte alcanza a todos los seres (diferentes mitos y leyendas hablan explícitamente de la muerte de los propios dioses).

Esta finitud se refiere a la *duración* efímera de lo existente y, por consiguiente, implica esencialmente una concepción del *tiempo*. Éste presenta, a una primera impresión, una naturaleza vectorial: la que se dirige desde el nacimiento hasta la muerte.

Sin embargo, como se ha visto, a cada muerte le sigue un nuevo nacimiento. Esta concepción (de la cual se habrá notado la significativa analogía con las tesis del *Fedón* de Platón), no significa que los nahuas creyeran en ciclos de reencarnación o transmigración. Y es que, si por un lado es cierto que cada muerte necesariamente genera una nueva forma de vida, por otra parte, se trata de una vida diferente y transformada, lo cual supone un paso más en la dirección del avance, sin implicar necesariamente progreso o regresión. Por otro lado, el hecho de que cada extinción produzca una nueva creación sugiere una conversión del esquema vectorial a un patrón cíclico, por lo menos en el sentido en el que nosotros también hablamos comúnmente del "ciclo de vida" de todo ser viviente. Como veremos más adelante, tampoco es ajena al pensamiento náhuatl una más elaborada concepción cíclica del tiempo cósmico.

El tiempo humano se cruza y se entrelaza con el tiempo mítico, mucho más largo, que caracteriza la duración de los ciclos cósmicos de la vida de los astros y de los dioses que con ellos se identifican. Aunque en realidad se trate de diferentes duraciones según los textos en que son mencionadas, son (por lo general) mucho mayores a las de la vida humana, y sin embargo la superan, por así decirlo, por unos pocos "órdenes de grandeza": no son comparables a la duración de las eras geológicas, y mucho menos a la edad del universo, según las estimaciones de estas últimas con base en los criterios de las ciencias actuales. Podemos decir que se trata de edades del orden de los "periodos históricos", es decir, compatibles con el ciclo de vida de las culturas humanas. De hecho, ningún cálculo entre los que han sido transmitidos calcula la duración total de los diversos soles en más de cuatro mil años (nótese la proximidad con la edad del mundo a partir de la creación, derivada del relato bíblico). Sin embargo, algunos de estos soles han tenido una vida muy breve: por ejemplo, de acuerdo con la fuente que usamos para exponer el esquema arriba esbozado,[5] la edad del universo, calculada hasta el 22 de mayo de 1558, era de 2 513 años, y la duración, en años, de los primeros cuatro soles era la siguiente: 676, 364, 312, 676, mientras que el quinto sol se consideraba originado 52 años antes.

Sin embargo, la esperanza de inmortalidad arraigada en el corazón del hombre se expresaba en la creencia de que el hombre tiene la posibilidad de trascender su tiempo y entrar en el tiempo astral, es decir, participar con los astros, si bien no precisamente a una existencia eterna, por lo menos a una esperanza de vida mucho más larga. De hecho, el tiempo astral que enmarca la sucesión de los soles, también expresaba las diferentes posibilidades de subsistencia para la realidad del mundo concreto, ya que ellas dependían de cuál fuera la deidad creativa del Sol en cuestión, así como del tipo de influencias predominantes que descendían al mundo terrestre desde los cielos y ascendían desde el inframundo, según el significado de los puntos cardinales y de los caminos cósmicos de los que ya hemos hablado. Según los nahuas, estas posibilidades de variación cósmica se habían agotado en los cuatro soles anteriores (cada uno de ellos representativo, como en parte hemos visto, de uno de los cuatro puntos cardinales). El quinto sol es el Sol del "centro" y, coherentemente con la visión cosmológica general,

---

[5] Se trata del "manuscrito de 1558", mencionado en el capítulo sobre las fuentes.

su fin debería constituir el auténtico "fin del mundo", imaginado como un inmenso cataclismo en el que los cielos caerán sobre la superficie de la Tierra, mientras que todos los hombres perecerán devorados por los seres de los mundos anteriores que surgirán de la Tierra, y por los espíritus malignos que descenderán de los cielos.

De esta forma se llegaría al "fin del tiempo". Pero he aquí que, en el pensamiento náhuatl, el tiempo supera los confines del mundo, ya que al final de este "tiempo astral" comenzará otro tiempo astral, nuevamente ordenado por los poderes que residen en los cielos más altos, la morada de *Ometeotl*, y en ese momento se producirán otras series de posibilidades. El tiempo vuelve entonces a revelar una estructura cíclica, en el sentido de un "retorno", aunque no se trate precisamente del retorno de lo idéntico, sino de un retorno casi en espiral, ya que la sucesión de los diferentes ciclos cósmicos se produciría en una cadena de eras cada vez más duraderas y más amplias, en su relación con los sectores cósmicos, y cada vez más próximas al lugar eterno, el *Omeyocan*, en el que se generan todas las series de creaciones posibles. Aun así, cabe destacar el hecho de que, en este orden de consideraciones, también se asoma la idea de una estructura auténticamente cíclica del tiempo, en el sentido de que se admite la posibilidad, en caso de que al cabo de muchos ciclos se produzcan las condiciones determinantes para la creación de un determinado mundo, que éste resulte ser absolutamente idéntico a otro que había existido mucho tiempo antes, o bien a otro que aparecería en el futuro. Por ejemplo, en el *Códice Florentino*, fray Bernardino de Sahagún se expresa de la siguiente forma: "Otra vez así será, así serán las cosas en algún momento, en algún lugar". Con lo cual, podemos ver como la idea del "eterno retorno" no era ajena al pensamiento náhuatl.

CAPÍTULO II

La concepción filosófica del hombre

Los nahuas elaboraron una antropología filosófica, es decir, una concepción filosófica del hombre como ser específico y distinto (aunque no separado) del "mundo natural". En particular, delinearon de forma muy precisa su visión del aspecto que, en términos occidentales, llamaremos "espiritual" de la naturaleza humana, identificándolo –como en Occidente había hecho Sócrates– en especial con las características de su figura moral y, de manera subordinada, con sus cualidades lógico-racionales. Como en todo sistema filosófico, la concepción del hombre se refleja directamente en la ética, en la doctrina de la educación, en la teoría del conocimiento, en la escatología.

En el presente capítulo empezaremos exponiendo la concepción general del hombre, bajo el título: "La noción de persona y la concepción de la vida en la filosofía náhuatl"; posteriormente, proporcionaremos algunos elementos de la ética y de la teoría educativa de los nahuas, limitándonos a esbozar brevemente su escatología.

Pasaremos después a considerar el significado de algunos mitos sobre el origen cósmico-divino del hombre, lo cual nos permitirá, por un lado, reposicionar al hombre en ese contexto cósmico del que hemos hablado antes y, por otra parte, entender el significado auténtico de varias prácticas rituales y de ciertas costumbres. De esta manera, habremos preparado el terreno para tratar el problema de la medicina náhuatl que, como hemos señalado, sólo puede entenderse adecuadamente si se considera la estrecha relación entre el hombre, la naturaleza, las fuerzas cósmicas y lo divino.

La noción de persona y la concepción de la vida en la filosofía náhuatl

En las breves referencias etimológicas que hemos expuesto acerca del concepto de *Teotl*, vimos cómo los nahuas distinguían con claridad entre el concepto de persona y el de cosa o realidad no personal. Por tanto, en el caso de este pensamiento es correcto hablar de filosofía de la persona.

En el mundo occidental, el concepto de persona –con todas sus connotaciones filosóficas, jurídicas, psicológicas y sociales– ha sido el resultado de una elaboración plurisecular, en la cual las disputas teológicas sobre el dogma trinitario y el cristológico desempeñaron un papel fundamental. Seguramente, en el pensamiento náhuatl es imposible hallar el equivalente de esta larguísima elaboración. Sin embargo, es muy interesante encontrar una considerable analogía con el significado inicial que el término "persona" tenía en el Occidente; en la civilización griega la atención se centraba en el rostro del individuo (el *prósopon*) para connotar los rasgos característicos de la fisonomía global de cada ser humano. De hecho, originariamente *prósopon* es el nombre de la máscara que los actores se ponían en el rostro, en especial en la representación de tragedias, e incluso los romanos usaron el término persona, al principio, con el mismo significado teatral. Cada máscara caracterizaba un tipo de personaje especial, el término pronto pasó a significar el personaje mismo. Más tarde, los romanos utilizaron esta misma palabra para designar a un sujeto dotado de derechos y deberes propios, es decir, un "sujeto jurídico" y, por tanto, en el mundo latino, el término "persona" pasó a designar, en el lenguaje común, la fisonomía psicológica y moral de un individuo humano.

En el mundo náhuatl se registra un proceso semántico análogo: cuando nos referimos a un individuo humano en un sentido moral y psicológico, se usa una expresión que menciona su "rostro", pero a la vez su "corazón". En especial en los discursos formulados de acuerdo con las reglas de *tecpillatolli*, es decir, del "lenguaje noble y culto", se encuentran expresiones, utilizadas para referirse al interlocutor, como las siguientes: "Hablaré a vuestra cara y a vuestro corazón", "No se irrite vuestra cara y vuestro corazón", "Vuestra cara y vuestro corazón lo sabían", etcétera. En pocas palabras, esta fórmula equivale a dirigirse a alguien, "hablándole de usted". Además, la imagen ideal del sabio náhuatl incluye entre sus atributos el de "hacer sabios los rostros y firmes los corazones". En algunos textos, en los que se describe el ideal del hombre y de la mujer nahua, se dice que deben "ser dueños de un rostro, dueños de un corazón" y, en el caso de la mujer, se agrega que "en su rostro y en su corazón debe brillar la feminidad".

Para documentar lo que se ha dicho, citamos dos textos:

El hombre maduro:
corazón firme como la piedra,
corazón resistente como el tronco de un árbol,
rostro sabio, señor de una cara y un corazón,
hábil y comprensivo.[1]

La mujer por fin encontrada,
en la que se fijan los ojos...
la feminidad aparece en su rostro...[2]

In ixtli, in yóllotl (es decir, rostro y corazón) simbolizan así, en el pensamiento náhuatl, la fisonomía moral y el principio dinámico de un ser humano. El hecho de incluir el corazón en el concepto de persona indica que, más allá de la fisonomía moral expresada a través del rostro, se pretende otorgarle la misma importancia al corazón, considerado no tanto (como se ha vuelto habitual en Occidente) como sede de los sentimientos, sino más bien como el centro dinámico del cual parece proceder toda acción humana. A comparación con el concepto griego-clásico (en el que la atención se concentraba en el rostro), encontramos aquí un énfasis significativo en el dinamismo interior del yo. No se trata de un hecho casual, sino de un reflejo de esa concepción metafísica del dinamismo cósmico que encontramos antes. De hecho, la palabra *yóllotl* (corazón) deriva etimológicamente de la misma raíz de *oll-in* que, significa "movimiento", y expresa (en la forma abstracta *yoll-otl*) la misma idea

---

[1]   *Informantes de Sahagún, Códice Matritense* de la Real Academia, folio 109 v.

[2]   *Ibid*, folio 112 r.

de movilidad, es decir, "la movilidad de cada uno". Esta concepción tenía sus corolarios inmediatos a nivel educativo, como veremos a continuación.

En conclusión, la expresión "rostro y corazón" es una expresión compacta diseñada para connotar lo que es específico del hombre, a saber, la posesión de un yo perfectamente definido, con sus rasgos peculiares y con un dinamismo que lo impulsa a investigar el mundo en busca de algo que lo llene, a veces sin resultado (*ahuicpac*), a veces hasta encontrar "lo único que es verdad, en la tierra", es decir, la poesía, "flor y canto". Se puede entonces afirmar que en la visión náhuatl del hombre están presentes, mucho más que en la serenidad de la sabiduría helénica, la inquietud y la ansiedad de la búsqueda que en el Occidente tuvo que esperar, para contar con una expresión adecuada, el famoso *inquietum est cor nostrum, donec requiescat in te,* (nuestro corazón está inquieto hasta que encuentre paz en ti) de San Agustín.[3]

Así como hay rostros claramente definidos y corazones que laten con fuerza, también existen rostros confundidos y corazones que ya no se hallan a sí mismos. Por esta razón, en el pensamiento náhuatl, el rostro y el corazón definen lo que cada persona es en realidad (en cierto sentido, encontramos el equivalente de la noción psicológica de "personalidad").

Lo dicho hasta ahora podría dar la impresión de que la concepción náhuatl del hombre fuera esencialmente espiritualista e individualista. Sin embargo, los textos nos muestran con claridad que los antiguos mexicanos atribuían a la persona humana esa dimensión social que en el Occidente apenas ha sido subrayada hace poco más de un siglo, y además le conferían una naturaleza cósmica que el Occidente nunca ha aceptado en realidad (cuando, con la teoría de la evolución, se volvió a considerar al hombre como completamente inmerso en el devenir cósmico, se perdió en realidad su calidad de persona).

La existencia humana, en la perspectiva náhuatl, no se reduce a las dimensiones espacio-temporales de la vida cotidiana. Sus raíces residen en

---

[3]   León-Portilla afirma: "Se debe añadir, para entender en todo su valor la concepción náhuatl de la persona, que esta se nos presenta en estrecha armonía con lo que se ha descubierto acerca de la naturaleza intuitiva del pensamiento de los *tlamatinime*. No se trata de una definición basada en cercanía de género y diferencia específica. Es una mirada viva que, a través del rostro, apunta a la fisonomía interior del hombre y, en el latido del corazón, descubre simbólicamente la fuente del dinamismo y de la indagación humana" (Miguel León-Portilla, *La filosofía náhuatl,* p. 192).

una dimensión dentro de la cual todos los eventos de la vida terrenal, los de la nación, el pueblo y la familia, así como los eventos cósmicos relacionados con el curso del Sol, de la Luna y las estrellas, convergen con las fuerzas subterráneas que hacen crecer las plantas y albergan a todos los seres después de la muerte.

Por tanto, la vida del hombre pertenece a la dimensión en la que el cielo, la tierra y el inframundo convergen en el centro de la existencia (*véase* lo que se dijo acerca de la topografía del cosmos náhuatl). Coherentemente con esta concepción, la vida del hombre no es sólo suya, sino que también le pertenece al mundo. Su sangre es parte de la corriente sanguínea cósmica que todo lo abarca. De esta forma, lo que el hombre es y hace posee un significado cósmico. Por ejemplo, la niña pequeña es el símbolo del corazón de las cosas que aún no se han exteriorizado; como futura madre, la niña es parte de la madre tierra, es parte de las cenizas del fuego vital. Decían que los niños nacían soldados y, por tanto, se esperaba que dieran su vida por una gran causa.

En el mundo prehispánico, por tanto, la persona orientaba simbólicamente su vida siendo ella misma, a su vez, un símbolo de los procesos del mundo a su alrededor. Al mismo tiempo, estas correlaciones correspondían a las necesidades y expectativas de la sociedad. Teniendo en cuenta esta fusión completa entre símbolo y simbolizado, no es difícil comprender como ciertas figuras pudieran expresar el significado de conceptos complejos y profundos. Para tal fin, será suficiente un ejemplo.

Un concepto-símbolo central de la concepción del mundo náhuatl (al igual que de la maya) es constituido por la serpiente emplumada, de la que ya se ha hablado. Identificado como símbolo cósmico, *Quetzalcoatl* es un verdadero eje de las culturas precolombinas, en el que se mezclan aspectos históricos, mitológicos y psicológicos. Como la serpiente muda su piel, así la existencia se desarrolla en una sucesión de mundos y destrucciones, de nacimientos y muertes. Los antiguos mexicanos simbolizan este proceso de cambio y desarrollo continuo no sólo a través del cambio de piel de la serpiente, sino también con su tendencia a enrollarse en espiral. La espiral ascendente terminó entonces constituyendo la llave ornamental a través de la cual simbolizaron también el curso de los cuerpos celestes; de forma más general, la espiral se convirtió en el símbolo del movimiento, de la transformación y de la evolución. Los babilonios también representaron el centro del mundo por medio de una serpiente enrollada en espiral, como aparece, por ejemplo, en sus ilustraciones del sistema zodiacal. Sin embargo, mientras que los babilonios describieron a la serpiente como un monstruo infernal, los nahuas y los mayas inventaron un nuevo símbolo: el de la serpiente emplumada. En Egipto, la pluma, expresión de ligereza, era el símbolo del espíritu y la verdad; para la cultura hinduista, la pluma era el símbolo de las formas más elevadas de existencia. Para los nahuas, la pluma es el símbolo de la belleza, la fortaleza espiritual, la verdad, el conocimiento y el sentido de la vida. Con el concepto de una serpiente emplumada, las culturas prehispánicas de América introdujeron una concepción radicalmente nueva del mundo, de la vida y de sus valores. Mientras que el Oriente concebía la existencia como una lucha perpetua entre la luz y la oscuridad, entre el bien y el mal, entre la vida y la muerte, las culturas prehispánicas adoptaron el concepto de unidad de los opuestos (según un modelo intelectual que, como vimos, también está presente en la antigua cultura china).

Como consecuencia del movimiento ascendente y descendente de la fuerza vital, la vida del hombre es similar a la del Sol y la Luna: no es sólo crecimiento, como la vida de un árbol, si no que al mismo tiempo un "viaje". Al igual que el Sol, el hombre viaja en las cuatro direcciones de la rosa de los vientos o de los puntos cardinales (cada uno de ellos connotado metafísicamente de la manera que ya se ha descrito). Al igual que la serpiente, el hombre puede moverse, partiendo de su base terrestre, en todas las direcciones; su vida es "serpentina", con ascensos, descensos, cambios.

Este tipo de anclaje cósmico de la vida humana fue, durante mucho tiempo, casi el único aspecto conocido por los estudiosos del antiguo México, los cuales tomaron en cuenta principalmente los testimonios de la cultura azteca, es decir, de aquella última fase de la civilización náhuatl que es la que los conquistadores españoles encontraron al llegar. Sin embargo, también estaba presente, aunque de forma menos evidente, la herencia más poderosa de una concepción de la existencia que se remontaba a los antiguos orígenes toltecas y que seguía viva en una oposición más o menos velada a la concepción belicista de los aztecas. Se trata de una concepción de la vida que hoy llamaríamos más "humanista", y de la que nos podemos dar cuenta al interpretar las composiciones poéticas y los discursos simbólicos de los sabios, así como al leer detenidamente los testimonios de su arte.

En las composiciones poéticas prehispánicas que han llegado hasta hoy, se repiten sin cesar dos temas fundamentales. Los sabios nahuas se centran en especial en la consideración de todo lo bello y bueno que rodea al hombre: las flores y los cantos, el plumaje de los colibríes, las obras de arte, los rostros y los corazones de amigos, el mundo entero que ha existido en diferentes épocas o soles.

Sin embargo, la profunda reflexión sobre todo lo existente nos lleva a recordar que cada cosa (incluso la más hermosa) está destinada al cambio y a su fin. Estos dos temas: la inestabilidad de lo existente y su fatal terminación (que para el hombre significa la muerte), inducen al sabio indígena a buscar un significado más profundo en las cosas. Recordando la amistad y las cosas hermosas de esta vida, exclamó el poeta Tecayehuatzin:

> ¡Águilas y tigres!
> Uno por uno pereceremos,
> nadie quedará.
>
> Medítalo, o príncipe de Huexotzinco,
> aunque sea jade, aunque sea oro,
> también deberá ir
> al lugar de los desencarnados.[4]

Estas ideas, que expresan casi una obsesión por el cambio y la muerte, reforzadas por la antigua doctrina de los diferentes mundos que existían antes del nuestro y que fueron destruidos por un cataclismo, llevaron a los sabios nahuas a concebir la vida como una especie de sueño y, al mismo tiempo, como *cáhuitl* (o "lo que nos está abandonando"). Sin embargo, el pensamiento

---

4   *Cantares Mexicanos*, folio 14 v.

náhuatl no se dejó hipnotizar por esta constatación, sino que la asumió como un punto de partida para futuras indagaciones, intentando descubrir alguna forma de superar la inestabilidad y la muerte.

Más adelante haremos alguna referencia acerca de la escatología náhuatl. La solución a la angustia existencial mencionada es hallada, en algunos textos, en una actitud capaz de aprovechar completamente los valores y las cosas bellas de las que también abunda la existencia:

> Para que no andemos siempre gimiendo,
> para que no estemos saturados de tristeza,
> el Señor Nuestro nos dio a los hombres
> la risa, el sueño, los alimentos,
> nuestra fuerza y nuestra robustez,
> y finalmente el acto sexual,
> por el cual se hace siembra de gentes.
> Todo esto alegra la vida en la tierra,
> para que no se ande siempre gimiendo.[5]

Se podrá observar que es una visión sorprendentemente "terrenal" de la vida humana, en la que parecen haberse perdido las dimensiones metafísicas encontradas antes. Es cierto, pero la razón es que en él se revela el esfuerzo por enfrentar en forma *filosófica*, es decir, *racionalmente*, el profundo enigma del sentido de la vida y de sus paradojas.

Los nahuas poseían, en su religión y en sus mitos, varias respuestas a este problema crucial, pero el filósofo no puede conformarse con estas respuestas. Como nos enseña la historia del pensamiento, lo que la pura razón humana puede lograr en esta búsqueda es muy incierto y limitado, y la sabiduría expresada en estos textos nahuas no es muy diferente, en el fondo, de esa forma de serenidad que, en el pensamiento antiguo, habían expresado los epicúreos y los estoicos.

---

[5]   *Códice Florentino*, libro VI, cap. XVIII, folio 74 v.

El ideal educativo

El conjunto de doctrinas metafísicas y, en especial, antropológicas de una cultura "culta" determina de manera natural una cierta *paidéia*, es decir, un ideal formativo que inspira las teorías y las prácticas educativas.

Esto mismo sucedió en el caso de la cultura náhuatl. La concepción del hombre como "señor de un rostro y un corazón" tuvo como consecuencia la preocupación de los *tlamatinime* (los sabios nahuas) por comunicar la sabiduría a los rostros y la firmeza a los corazones, el ideal supremo de la educación que éstos impartían a los jóvenes. Estas dos acciones educativas eran indicadas con palabras diferentes (respectivamente *ixtlamachilitli* y *yolmelahualiztli*), y por esta formación se preocupaban desde los líderes políticos más altos hasta los padres y las madres de familia. Fuentes indígenas atestiguan que los nahuas ya habían creado un sistema educativo universal y obligatorio, cuyo propósito no era sólo la formación individual, sino también la inserción del individuo en el contexto social, de la que ya hemos hablado. Por ejemplo, en el *Códice Florentino* se hace constar que, entre los ritos con los que se acogía al recién nacido, estaba el de su consagración a una determinada escuela, la cual lo prepararía de manera específica para cumplir su futura misión social. Obviamente, dependiendo de las diversas épocas y subculturas, este ideal educativo era objeto de importantes articulaciones. Para limitarnos a lo antes mencionado, es suficiente decir que había notables diferencias en la formación que se inspiraba en el ideal místico-guerrero de los aztecas, o al contrario en un renacimiento de los antiguos ideales humanistas de los toltecas, simbolizados en Quetzalcóatl. En todo caso, los viejos ideales nunca se perdieron y, al mismo tiempo, la educación siguió siendo muy severa, como se puede ver en la siguiente recapitulación esquemática (relativa a la educación doméstica, practicada hasta la edad del ingreso a las escuelas públicas).

- 3 años: se empezaba a dar buenos consejos a los hijos; la ración alimentaria era de media tortilla por comida.
- 4 años: se encargaban a los niños algunos servicios sencillos y ligeros; la ración alimentaria seguía siendo de media tortilla.

- 5 años: se les enseñaba a realizar algunos servicios, como el traer leña o cargas livianas; a las niñas ya se les enseñaba a usar el huso y la rueca para hilar; la ración alimentaria subía a una tortilla por comida.
- 6 años: los niños eran empleados en servicios tales como la cosecha de granos de maíz; las niñas se entrenaban a hilar; la ración alimentaria subía a una tortilla y media.
- 7 años: a los niños se les entregaban redes de pesca; las niñas hilaban; la ración alimentaria seguía siendo de una tortilla y media.
- 8 años: comienza la práctica de los castigos: quien no cumplía con su deber era amenazado con puntas de agave; la ración alimentaria se mantenía igual.
- 9 años: los castigos se volvían concretos: los niños incorregibles y rebeldes eran atados de manos y pies, y picados con puntas de agave en la espalda y en otras partes del cuerpo, mientras que a las chicas se les pinchaban las manos; la ración alimentaria se mantenía igual.
- 10 años: negligencias y desobediencias eran castigadas con severas reprimendas, amenazas e incluso palizas; la ración alimentaria se mantenía igual.
- 11 años: se castigaba en especial a los adolescentes con tendencia al ocio y al vagabundeo, obligándolos a inhalar humo de *aji* (chile picante); la ración alimentaria era la misma.
- 12 años: en casos graves, el castigo consistía en atar las manos y los pies del niño, dejándolo desnudo en el suelo durante varias horas; a las niñas se le obligaba a trabajar de noche, barriendo la casa, las calles y los baños; la ración alimentaria se mantenía igual.
- 13 años: los chicos tenían que recolectar leña en las montañas y llevar en canoas hierbas y verduras para uso doméstico, mientras que las chicas tenían que moler el maíz, preparar las tortillas y otros platos para la mesa; la ración alimentaria aumentaba a dos tortillas por comida.

- 14 años: el chico se dedicaba por completo a la pesca, mientras que la niña tenía que ser capaz de tejer cualquier tipo de tela.
- 15 años: los adolescentes eran llevados a los templos-escuela y encomendados a los *tlamitinime* para recibir una formación completa.

Esta educación "superior" se impartía en las dos instituciones: el *Calmecac* y el *Tepozcalli,* y era, sobre todo, una educación moral, basada en los principios del rigor, de la austeridad y del mantener la mente ocupada en forma constante. Se articulaba en la enseñanza de una serie de *normas de conducta*, las cuales determinaban lo que es "conveniente y recto", y se inspiraba en algunos principios fundamentales:

- respetar a las personas;
- dedicarse sólo a lo que es conveniente y recto;
- evitar la maldad, la perversión y la codicia;
- trabajar (los nahuas no consideraban el trabajo manual como algo vergonzoso).

No se trataba de una educación sólo basada en la transmisión de nociones. Los adolescentes vivían en una comunidad de vida y recibían de sus maestros una formación que abarcaba al mismo tiempo los conocimientos de tipo intelectual, los contenidos de la tradición, los principios de una vida recta a nivel individual y social, transmitidos por maestros que, en primer lugar, debían ser ejemplos vivos de rectitud, conocimiento y sabiduría. Más que a nuestras *instituciones educativas* (en las que el aspecto intelectual e informativo prevalece claramente sobre el aspecto formativo y los valores), la escuela náhuatl es comparable a las antiguas escuelas filosóficas en las que, además del conocimiento, se tenía la ambición de conseguir una *sabiduría* mucho más global. Esta característica es evidente al considerar las diferentes formas en que, en los textos, la figura del *tlamatinime* es especificada:

- sabio o filósofo: una luz, una antorcha, una antorcha grande que no produce humo;

- un espejo pulido en ambos lados;
- suya es la tinta negra y roja, y a él le pertenecen los códices;
- él es escritura y sabiduría;
- es el camino, una guía veraz para los demás;
- conduce las personas y las cosas, es una guía en las actividades
de los hombres;
- el verdadero sabio, prudente y custodio de la tradición;
- suya es la sabiduría que se transmite, es él quien la enseña,
quien sigue la verdad;
- maestro de la verdad, no para de amonestar;
- hace sabios los rostros de los demás, ayuda a los demás
a asumir un rostro y desarrollarlo;
- les abre los oídos, los ilumina;
- maestro de los guías, les indica el camino;
- se depende de él;
- coloca ante los demás un espejo, los hace conscientes,
prudentes, se asegura de que en ellos aparezca un rostro;
- asienta las cosas, regula su camino, dispone y ordena;
- aplica su luz sobre el mundo;
- conoce lo que está por encima de nosotros, y la región
de los muertos;
- es un hombre serio;
- cualquiera es confortado por él, recibe correcciones
y enseñanzas;
- gracias a él, las personas humanizan su propia búsqueda
y reciben una enseñanza rigurosa;
- conforta el corazón, consuela a la gente, ayuda, remedia,
cura a todos.

La ética no es sólo aquella que encontramos en los tratados de filosofía moral, sino que abarca un campo mucho más vasto. Esencialmente consiste en un esfuerzo de proponer reglas de conducta y de vida buenas, es decir,
que tiene un fin intrínseco educativo. Por consiguiente, para reconstruir la ética

de una cultura, un instrumento fundamental es estudiar sus ideales y prácticas educativas, en las cuáles era primordial ser conocedores de la interioridad psicológica y estar en armonía con los buenos sentimientos alojados en el corazón. "La *Tlacahuapahualiztli* (arte de criar y educar hombres) no se limitaba a la capacitación de un oficio o de un arte, sino a la enseñanza de los valores morales y éticos de la comunidad. Si bien se les enseñaba el cultivo, también se les infundían el amor por la tierra, la gratitud a los dioses, el gusto por el trabajo, el deseo de compartir el sustento con los suyos y con los necesitados. En toda actividad se les inculcaba un gran sentido de la familia y del grupo humano porque un rostro y un corazón no andan solos en el mundo, sino cerca, a un lado o enfrente de muchos otros rostros y muchos otros corazones".[6]

La educación en la civilización del Anáhuac era parte indispensable de la humanización. El *Tollan* o la ciudad se concebía a partir de personas educadas que vivían en comunidad, con un objetivo o propósito social muy elevado y compartido por todos los integrantes, a partir de un milenario proceso educativo, en el que el "servicio" a la comunidad era fundamental. De esta manera se pueden entender los largos periodos de esfuerzo constructivo del México antiguo. Como ocurrió en Mitla, Monte Albán y Chichén Itzá, por citar algunos.

La educación en su sentido más amplio, estaba totalmente inmersa en el tejido social. Lo mismo en la casa, que en los espacios públicos. En los objetivos de la familia, del *calpulli* y del Estado. Y se aplica a la organización social. La ética y la moral, entendidos como los juicios de valor de carácter personal y social, son transmitidas-aprendidas a partir de procesos directos e indirectos educativos, formales e informales. La educación permite que el individuo, la familia y la comunidad, puedan alimentarse, mantener la salud, organizarse y vivir en armonía en la sociedad. Pero más aún, la educación puede concretar el mantenimiento del propósito social y alcanzar los más elevados proyectos abstractos de una civilización a través del tiempo.

El patrimonio cultural se divide en dos vertientes, el patrimonio cultural tangible, que se refiere a "los objetos", como pirámides, estelas, cerámicas, códices, etc. Y el patrimonio cultural intangible, que se refiere a "los

---

[6]   F. D. Infante, *La educación de los aztecas*, México, Panorama Editorial, 1992.

sujetos", es decir, a las personas. Este patrimonio se percibe en los conocimientos, sentimientos, tradiciones, usos y costumbres de un pueblo. La forma particular de entender el mundo y la vida.

El patrimonio cultural intangible es el más importante, en tanto, que es el "productor y reproductor" del patrimonio tangible. De esta manera, se puede considerar a la educación como el bien más importante del patrimonio cultural y, en consecuencia, la herencia cultural más valiosa para construir un futuro más humano, justo y armonioso.

De las seis civilizaciones madres de la humanidad, la civilización del Anáhuac fue la única que creó un sistema educativo público, obligatorio, gratuito que desarrollaron por milenios, formando sucesivas generaciones de jóvenes educados e instruidos en valores y conocimientos de carácter moral, ético, científico y artístico. Sustentó su sociedad en la educación, razón por la cual podemos, con gran orgullo, afirmar que las nuestras fueron las primeras sociedades totalmente escolarizadas, sin importar el rango social o el poder económico familiar. Siendo así un ejemplo para el mundo. El francés Jacques Soustelle en su libro *El universo de los aztecas*, escribía en 1955:

> Es admirable que en esa época y en ese continente, un pueblo indígena de América haya practicado la educación obligatoria para todos y que no hubiera un solo niño mexicano del siglo XVI, cualquiera que fuese su origen social, que estuviera privado de escuela.[7]

Recordemos que en Europa el primer sistema educativo público, obligatorio y gratuito se implantó en Italia en 1597 gracias a San José de Calasanz.

Si partimos de que la educación transmite valores y que en el Anáhuac se mantuvo presente con cobertura total, por lo menos durante tres mil años consecutivos. Esto explica que en México, las personas que tienen generaciones de "no ir a la escuela" o no tener ni siquiera la primaria completa, "son personas muy educadas, con sólidos valores éticos y morales".

---

[7]   Guillermo Marín, *Pedagogía tolteca. Filosofía de la educación en el México antiguo*, 2009, p. 18, disponible en: ‹www.toltecayotl.org›.

Esta educación en valores (no académica y no escolarizada), transmitida a través de la cultura ancestral, permite que las personas, familias y pueblos, tengan mejores hábitos alimenticios y puedan comer "de la nada", lo mismo en un desierto que en un bosque. Pero también, esta educación transmitida en las tradiciones, usos y costumbres, les permite tener buenos hábitos higiénicos y conocer métodos curativos, que como veremos en los capítulos sucesivos, incluyen plantas, insectos, minerales y técnicas ancestrales. Estos conocimientos están implícitos en métodos y técnicas de construcción, siembra, reforestación, organización comunitaria e impartición de justicia.

En resumen, la educación prepara desde la infancia a los individuos de una comunidad a servirla, a obedecer y respetar jerarquías, aprendiendo que es más importante el interés comunitario que el individual y que se manda obedeciendo.

Elementos de ética y escatología

En este estudio no explicaremos los detalles de la ética náhuatl, pues algunos resultan evidentes como la concepción del hombre y el ideal educativo. Subrayamos que toda ética se basa en un preciso "sentido de la existencia" y expresa una respuesta a la constatación de la transitoriedad del mundo y del hombre. Por tanto, la ética deber especificar, de alguna manera, el "valor" de lo existente, así como de garantizar cierta estabilidad capaz de proporcionarle sentido a la vida, produciendo normas de conducta. Al mismo tiempo, la ética también depende de la respuesta que se dé a la pregunta: "¿A dónde iré después de morir? ¿Existe otra vida?".

Ya constatamos que para los nahuas el valor de lo existente está asegurado por esa perspectiva religiosa de tipo monista que no sólo relaciona el *origen* temporal de todas las cosas, y de los propios hombres, al principio ordenador supremo *Ometeotl,* sino que considera todo lo existente en relación íntima con lo divino, puesto que en todas las cosas se manifiesta el único principio divino, a través de la multitud de sus "denominaciones" (a las que corresponden las diversas deidades). Este vínculo cósmico-sacral (que puede ser captado a través de "la flor y el canto") no debe ser roto por el hombre y éste es, de alguna forma, un principio general de la ética.

Sin embargo, a diferencia de lo que sucede en la cultura occidental, el destino final del hombre no depende de su conducta. En otras palabras, no existe una interpretación escatológica de la moralidad, con la clásica idea de recompensa o castigo ultraterreno. Si por un lado es verdad que los muertos terminarán en un lugar de sufrimiento o de felicidad, por otro lado, esto sólo depende del tipo de muerte que enfrentarán y, por tanto, depende, en última instancia, sólo de la voluntad misteriosa de la deidad. Así, por ejemplo, los que mueren ahogados o golpeados por un rayo o de hidropesía, van al *Tlalocan*, el reino de *Tláloc*, dios de las aguas, que como se vio es una especie de Edén, mientras que los hombres ofrecidos en sacrificio a la deidad, los que mueren en combate e incluso las mujeres que fallecen en el parto, se convierten en compañeros del Sol y, por tanto, se encuentran cerca de la divinidad más alta; los niños que mueren a una edad temprana van a una especie de limbo y, por último, los que mueren de forma natural llegan al *Mictlán*, el verdadero reino subterráneo de los muertos, en el que, si no reina el sufrimiento, seguramente sí impera la tristeza. Todo esto se deriva de mitos religiosos, pero cuando los *tlamatinime* trataron de explorar en forma racional el misterio del destino final del hombre, sólo pudieron expresar una serie de interrogantes, formular algunas respuestas llenas de dudas, optando por una concepción terrenal o inclinándose hacia una de las respuestas de tipo religioso, dependiendo del énfasis que pusieran en la bondad del principio divino supremo.[8]

Prescindiendo de algunos textos que sostienen la hipótesis de que la vida terrenal sea simplemente un sueño, y de otros que aluden a la posibilidad de más vidas, el pensamiento predominante es que el hombre vive su verdadera y única vida aquí en la tierra, quedando su destino final envuelto en un misterio. El corolario de esto es un ideal activo y comprometido de la existencia, ya que los nahuas no eran en absoluto fatalistas, pero consideraban que el hombre, gracias a su libre albedrío, puede dirigir sus acciones

---

8   Una idea suficiente de esta compleja e internamente controvertida escatología náhuatl se puede deducir del capítulo: "El problema de la supervivencia después de la muerte", en *Filosofía náhuatl* de Miguel León-Portilla.

hacia el bien y hacer cosas bellas y buenas, como lo demuestra su ideal educativo: el destino y los astros influyen en la vida humana, pero no la determinan por completo; de ahí que tenga sentido empeñarse para conseguir un rostro sabio y un corazón firme.

Resulta sorprendente que al describir la antropología filosófica náhuatl se haya omitido mencionar que el hombre reconoce la presencia de tres tipos de "almas". En realidad, este término es usado en forma distinta que la filosofía occidental, se trata de "principios vitales" o "principios anímicos", los cuales, en lo específico, no tienen a nivel escatológico la misma relevancia que la filosofía occidental le ha reconocido al alma: por el contrario, ellos tienen papeles importantes y dislocaciones específicas en el funcionamiento del organismo. Será, entonces, más útil hablar de ellas en el capítulo dedicado a los marcos teóricos de la medicina náhuatl.

El origen cósmico-divino del hombre

Para comprender a fondo el sentido más profundo de la relación entre los hombres y la divinidad, y una serie de consecuencias que de ella sacaron los antiguos mexicanos, es interesante delinear brevemente algunos mitos relacionados con la creación del hombre.

Según los nahuas, los hombres existieron en cada uno de los cuatro soles anteriores al presente y fueron destruidos por los cataclismos que ocurrieron al final de cada sol. Sin embargo, esos hombres eran muy diferentes a los hombres actuales, por lo que la humanidad, en su forma realmente conocida, surgió en los orígenes del quinto sol, gracias a un cruento sacrificio de parte de la divinidad.

Según un primer mito, el mundo había alcanzado un estado de equilibrio bajo el gobierno de cuatro principios: el Cielo, la Tierra y sus hijos: la Luna y las estrellas. La Madre Tierra ya era vieja y vivía retirada en un templo, cuando de repente un puñado de elegantes plumas cayó sobre ella, que colocó en su pecho quedando así embarazada. Al darse cuenta de aquello, sus hijos trataron de matarla, pero mientras lo intentaban nació su hijo *Huitzilopochtli*, quien los exterminó a todos y reinó durante un tiempo en un cielo sin competidores, generando a los hombres. Sin embargo, los hermanastros volvieron a nacer y lograron matarlo. Entonces Huitzilopochtli acabó en el mundo de los muertos, donde fue devorado por los monstruos que habitaban aquella región. Habría permanecido allí para siempre si los hombres, que eran sus hijos, al ofrecerle su sangre (que él les había dado para que nacieran) no le hubieran permitido resucitar, exterminar de nuevo a sus hermanastros y así comenzar el quinto sol, en el que aún vivimos. En él se renueva todos los días el drama cruento de la aurora y el crepúsculo (teñidos de rojo), y la sangre humana es indispensable para que no termine este ciclo cósmico, el único en el que el hombre puede vivir, ya que moriría si no hubiera más que una noche o un día perpetuos.

Un mito diferente, pero de significado análogo, cuenta que cuando los dioses decidieron devolver la existencia al mundo después de la destrucción del cuarto sol, determinaron que fuera habitado y crearon a los hombres. Con este fin, *Quetzalcóatl* descendió al *Mictlán* (la región de los muertos) y, tras muchas vicisitudes y pruebas —entre otras, una muerte y una resurrección— obtuvo la posibilidad de llevarse los huesos de antiguos seres humanos que habían muerto en los soles anteriores. Estos huesos, reducidos a polvo por la diosa madre *Quliatzli* o *Cihuacóatl*, fueron amasados con la sangre que el mismo Quetzalcóatl y los demás dioses hicieron brotar perforando con espinas su propio órgano genital, es decir, con un terrible sacrificio. De esta mezcla nació el hombre que, por esta razón, también es llamado *macehuali*, es decir, "merecido a través de la penitencia". Pero eso no es todo, porque incluso el alimento básico del hombre fue producido por un sacrificio divino y, de acuerdo con otro mito, el Sol mismo accedió a ponerse en movimiento cuando todos los demás dioses aceptaron inmolarse.

Teniendo en cuenta varios mitos de este tipo, se puede afirmar que, en todas las culturas amerindias se encuentra el concepto de un valor muy alto del hombre, ya que su creación fue posible no sólo gracias a la voluntad, sino incluso al cruento sacrificio de los dioses. Por otro lado, éstos pueden seguir viviendo a condición de que el hombre les aporte esa sangre que ellos derramaron por él, y sin la cual llegaría el final del quinto sol. Es verdad que después del dramático final de éste, habría otros mundos, pero serían habitados por dioses y hombres diferentes. Puesto que el hombre actual sólo puede vivir precisamente en este mundo, resulta evidente que tiene dos razones fundamentales para mantenerlo intacto en su orden actual. Uno es una cuestión de pura y simple supervivencia, mientras que el otro es un motivo de nobleza de espíritu y gratitud: si el hombre es "merecido a través de la penitencia", si nace de la sangre de los dioses, los cuales ahora necesitan esta sangre, es su deber moral ofrecérsela.

Así las cosas, es fácil entender por qué los nahuas tenían una consideración tan alta de la sangre, a la que llamaban "agua divina", "agua de flores", "agua de jade"; de igual manera, también se entiende el profundo significado de los sacrificios humanos que practicaban ritualmente, y que no se reducen al bárbaro ritual de sacrificar los prisioneros de guerra. De hecho, ellos ofrecían en primer lugar *su propia sangre*: en sus rituales cotidianos siempre se incluía el ofrecimiento de algunas gotas de sangre (a veces obtenida de partes tan sensibles como la lengua o los órganos genitales). Estas prácticas formaban parte de las obligaciones de reyes y sacerdotes, en medida y con modalidades tales capaces de impresionar los conquistadores españoles, que las veían como verdaderas monstruosidades. En otras palabras, estas formas de *autopenitencia* eran mucho más crueles que el mismo sacrificio de los prisioneros, los cuales eran anestesiados antes de abrir su pecho para sacar su corazón y ofrecerlo a la divinidad. Además, en ciertos sacrificios era indispensable inmolar, ya no los prisioneros o esclavos, sino indígenas de alto linaje, quienes consideraban este destino como un privilegio especial. De igual manera, cuando los vencidos de una guerra sacrificaban a un prisionero capturado entre los vencedores, éste se consideraba afortunado. Así también, en ciertas competiciones sagradas (como el "juego" de la pelota), el premio para el ganador era ser sacrificado a los dioses.

Lo que estamos diciendo se aplica principalmente a la severa visión del mundo místico-bélica de los aztecas, pero también, en formas más atenuadas, a toda la cultura náhuatl. Sería imposible entender de manera plena el significado de la medicina náhuatl sin tomar en cuenta esta forma de concebir y enfrentar el sufrimiento y la muerte, puesto que para nosotros la medicina es el principal medio que los hombres han desarrollado para *combatir* el sufrimiento y la muerte.

El sentido de la muerte

Toda muerte es para la mentalidad anahuaca el preludio de una nueva vida. No hay final: cada final es el principio de algo nuevo. El jeroglífico que designa el fin del ciclo de 52 años era el nudo, la atadura del tiempo viejo y pasado con el tiempo nuevo, venidero.

La frase de Heidegger según la cual el "principio contiene ya oculto el fin", la podemos aplicar al México precuauhtémico con sólo invertirla: "el fin contiene ya oculto el principio" (según fray Bernardino de Sahagún, la hora del parto se llamaba "hora de muerte"). Esta es la idea que el hombre de aquel mundo deriva de su atenta observación de la naturaleza: es su ciencia natural. Alternan las estaciones del año: el invierno es la muerte de la vegetación, la primavera su resurgimiento, su despertar a una nueva vida.

El hombre náhuatl no temía al Mictlán (lugar de los muertos). Para él la calavera no tenía nada de angustiosa u horripilante Era la alusión a la inmortalidad de la vida: un signo lleno de promesas.

Mictlantecuhtli, el rostro de la eternidad

Todos moriremos, es inevitable. Sin muerte la vida no tendría sentido, sin vida la muerte no existiría. Pero ¿qué es lo que queda de nosotros? ¿Qué es lo que dejamos?

¿Solo así he de irme?
¿Como las flores que perecieron?
¿Nada quedará en mi nombre?
¿Nada de mi fama aquí en la tierra?
¡Al menos flores, al menos cantos!
Cantos de Huexotzingo

Nos dicen "cuando mueres no te llevas nada, así que ¡disfruta que nada dejarás, salvo tu cadáver!", pero ¿es verdad eso? ¿Nada nos llevamos? ¿Nada dejamos?

En la tradición anahuaca se ve y se vive desde otra óptica, es mucho lo que dejamos, pero aún más lo que nos llevamos.

A lo largo de nuestra vida nos llenamos de sabiduría, de experiencias, de vivencias únicas e inigualables. Por eso cuando muere un abuelo es una pérdida irreparable, pues se lleva consigo todas sus vivencias, su conocimiento, su sabiduría, su amor, su consejo...

Pensamos de modo superficial, sólo le damos valor a lo material sin tomar en cuenta que las personas valemos por lo que sentimos y por lo que sabemos, no por lo que poseemos, pues en realidad nada se posee, salvo tu vida propia. Cuando un abuelo muere se lo lleva todo ¿y qué es lo que nos hereda?

Mictlantecuhtli es una calavera, pues es nuestro rostro eterno, no es el rostro de la muerte sino el rostro de la permanencia, es el rostro que mirarán nuestros tataranietos después de nuestra muerte, es lo que dejamos. *In ixtli*, un rostro, traducido como una personalidad, pero la personalidad que recuerden nuestros nietos, ¿pero sólo eso dejamos?

Mictlantecuhtli tiene la lengua de fuera, mostrando la otra herencia que dejamos tras partir: todo aquello que dijimos, todos aquellos consejos que dimos, esa poesía que recitamos, ese conocimiento que transmitimos. Versados en poesía, nuestros abuelos nos heredaron cantos llenos de sabiduría, conocimiento oral que mientras se transmita ellos permanecerán con nosotros. Porque eso es lo que heredamos, eso es lo único que podemos dejarle a nuestros nietos, una calavera para reconocernos y unos cantos para guiarse.

Mictlantecuhtli tiene alrededor de su rostro unos rayos que irradian y resplandecen, una luz que testifica el brillo de su conocimiento y que ilumina a los que viven en la oscuridad de la ignorancia.

Mictlantecuhtli no es un dios del inframundo, no es un señor que te espera tras la muerte.

Mictlantecuhtli eres tú, tú llevas una calavera tras tu rostro, y de ti depende que tus palabras vivan tras tu muerte y tu sabiduría ilumine la oscuridad de tus herederos.

La clave para una buena muerte es tener una buena vida, deja flores, deja cantos, tal y como hicieron nuestros abuelos, cuyas palabras de sabiduría siguen iluminando nuestra vida.[9]

Según la filosofía anahuaca nuestro cuerpo es un mero vehículo para poder existir en este mundo, es un avatar de carne y huesos que utilizamos durante un corto tiempo para experimentar lo que es vivir. La osamenta que dejamos no es importante, lo verdaderamente trascendental lo constituyen los actos y pensamientos que manifestamos en vida y que heredamos a nuestros ancestros.

Algunas personas durante toda su vida se forjaron un rostro y un corazón propios y auténticos, dignos de recordar por su belleza filosófica. A esta gente se le honraba su calavera decorándola y embelleciéndola en recuerdo de la obra que realizaron en vida. Se les realizaban incrustaciones de turquesa, jade o piedras preciosas. Su cráneo se convertía en el "lienzo" de un artista cuya obra estaría inspirada en quién fue la persona a la que se rinde el homenaje.

Estos artistas "macabros" trabajaban huesos y cráneos, los limpiaban de todo tipo de carne, tendón o piel y sobre ellos realizaban su arte. El proceso para realizar este tipo de trabajo implicaba despellejar los cuerpos, hervir los huesos para limpiarlos de la carne, vaciar los cráneos y todo tipo de técnicas que ahora nos resultan terroríficas e impactantes, pero que serían algo normal para los trabajadores de funerarias.

Este tipo de labor ha dejado restos de cuerpos con marcas de cuchillos, con señales de haber sido hervidos, tallados, mordidos, esculpidos y desmembrados. Para los desconocedores de la cultura náhuatl, esto son los restos de un pozole, la prueba de la antropofagia y de los sacrificios humanos. Para la gente que conoce la tradición esto sólo es la muestra del trabajo de homenaje que se hacía a los que en vida hicieron algo más que existir. Un macabro festín o un homenaje que perdura por siglos, todo depende de la óptica de quien lo investigue.

---

[9] Raúl del Moral (2000), "En torno a Mictlantecuhtli", en *Revista Estudios Mesoamericanos*, núm. 1, enero-junio 2000, pp. 38-45.

El nahualismo

El nahualismo es el sistema de prácticas que se basa en el concepto de nahual o espíritu familiar que suelen adquirir algunos ancianos y personas importantes de un grupo humano en el Anáhuac.

El espíritu familiar referido puede adoptar forma de animal o de algún fenómeno natural, tales como el rayo, el viento o simples bolas de fuego, entre los nahuales que se mencionan: el gavilán, la lechuza, la culebra, el zorro, la tortuga, el perro, la iguana y el jaguar.

Una característica bastante parecida al concepto del nahual es el tonal (que estudiaremos en los próximos capítulos), que "es el espíritu guardián" que acompaña a todo individuo desde el momento que nace. Tal similitud ha dado lugar a un grave error, que se les confunda o peor aún que en ocasiones se utilicen como sinónimos.

Se sabe que el gobernante de los quichés Tecum Uman fue un gran nahual y que volaba sobre sus ejércitos en la forma del pájaro quetzal ordenando a sus capitanes y animando a sus soldados. Asimismo, se cuenta que muchos otros jefes anahuacas poseían el mismo poder y que tomaban la forma de jaguares, *cuauhtzin* (águila) y otros animales. Algo análogo se le atribuye a Nezahualpilli, cuyo poder de nahual le permitió predecir muchos fenómenos que se presentarían en el futuro. Otro personaje que también se le atribuyen poderes nahualísticos fue Tzutzumatzin, gobernante de Coyoacán en el México antiguo.

En ciertas regiones de nuestro país, una cierta forma de convencer a los niños pequeños de que no salgan a jugar de noche, es diciéndoles: "niños no salgan de noche, porque de noche salen los hombres que se transforman en animales y en cosas".

Otro de los relatos de nuestros antepasados es, el que cuenta que hace muchos años había pugna entre los pueblos y que en las noches, entablaban combates los jefes de estos pueblos convertidos en aves, y que estas luchas concluían antes del amanecer, porque la luz era nociva para estos hombres.

Aunque el nahualismo aparentemente es sinónimo de tonalismo, no lo es en absoluto; ya que mientras en el primer caso, es una práctica reservada para cierta jerarquía, porque la adquisición de esta facultad requiere de una fase iniciática y ejercicios especiales para parecerse al animal en que se quería convertir o en todo caso quizás el desdoblamiento para permitir que sólo actúe la energía. En la segunda posibilidad, era una práctica más común porque sólo se refiere, desde nuestro punto de vista a fortalecer el centro anímico de las personas.

Es importante señalar que en la actualidad en el mundo náhuatl. Los *tepahtianimeh* (curanderos) son, por lo general, personas que han desarrollado su tonal: gentes que irradian energía, seguridad y confianza que se nota en su forma de hablar, sus movimientos y su semblante; pero en especial tenían la facultad de poder emanar de su organismo la energía que transmiten a sus pacientes.

Es la única explicación que uno encuentra de los famosos *tlaochpanaliztli* barridos corporales o limpias, así como la *hueyi tepahtiliztli* o grandes ceremonias de curación que por lo regular concluyen en los grandes cerros en donde radican "los señores", que tienen el atributo de ser dispensadores del bien y del mal, siempre el *tepahtiani*, se caracteriza en hacerse aparecer como el intercesor entre los espíritus cósmicos y el enfermo por el que aboga.

Desde el inicio de la ceremonia para el restablecimiento de la salud, el moderno *ticitl*, observa este comportamiento: repite la formula categórica de que el enfermo sanará de sus padecimientos cualquiera que haya sido su error y por el cual adquirió el mal. En el ritual afirma que la súplica que él (curandero) hace para el restablecimiento de la salud, no se hace en forma gratuita, sino en forma de trueque, un pago simbólico, a través de los elementos que ofrendará, que hará a las fuerzas cósmicas. Finalmente, es de especial importancia el hecho de que el curandero "ordena" con energía "al espíritu del mal", que abandone el cuerpo del enfermo y regrese a su lugar de origen. Existe también la creencia de que los *tepahtianimeh* que tienen fuerza insuficiente en el tonal, salen perjudicados por las energías contrarias que reciben del paciente.

En México, por generaciones hemos despreciado lo ancestral y la ignorancia culpable o supina (negligencia en aprender o investigar lo que se debe saber), se ha manifestado en especial en las áreas del conocimiento espiritual legado por nuestros viejos abuelos.

El nahualismo, que es uno de los pilares en donde se sostiene la fuer-za arquitectónica del pensamiento cósmico de nuestros ancestros, fue de lo más combatido a la llegada de los conquistadores hasta derribar todo el edi-ficio conceptual de esta fuente de conocimiento. Pero no contentos con este hecho, algunos de los cronistas, escribieron tratados que llamaron de supers-ticiones e idolatrías a efecto de castigar a toda aquella persona que se intere-sara por aprender estos conocimientos y, peor aún, si deseaba practicarlos.

En la actualidad, es muy frecuente escuchar que la palabra nahual se use peyorativamente. Sin embargo, si uno pregunta a las personas por qué lo hacen, resulta que no tienen la más remota idea acerca de su significado. Por ello, es necesario indagar su origen, su práctica y su trascendencia.

CAPÍTULO III

La antropología física
de los anahuacas

Después de lo expuesto en los dos capítulos anteriores, delimitaremos el contexto dentro del cual se sitúa el discurso sobre la medicina náhuatl, aceptando el supuesto común de que la medicina se ocupa directamente de curar las enfermedades que aquejan al hombre en su *cuerpo*, aunque esto no implique necesariamente una concepción sólo "fisicalista" de este mismo cuerpo. Por tanto, consideraremos las características somáticas de los indígenas amerindios y sus condiciones generales de vida y alimentación, en la medida en puedan arrojar luz sobre ciertas patologías y las prácticas terapéuticas relacionadas.

Características somáticas del indio anahuaca

Los estudios antropológicos y los restos paleontológicos han permitido establecer el origen asiático de las primeras poblaciones del Anáhuac y las investigaciones modernas sobre los restos del hombre del México antiguo han permitido delinear su constitución física, no menos que sus hábitos sociales. A este respecto, citaremos los relatos de los autores del siglo XVI, mencionando en ocasiones los resultados obtenidos mediante las mediciones antropométricas realizadas sobre los restos.

Las descripciones de los habitantes del Nuevo Mundo ofrecidas por los europeos que lo visitaron en el siglo XVI, nunca dejan de elogiar la hermosa apariencia y las proporciones armoniosas de sus cuerpos. Fray Juan de Torquemada es el autor que más se ha detenido en detalles, por tanto, lo adoptaremos como referencia privilegiada. Respecto a los indígenas el religioso afirma: "...[Son] de buena constitución, y todas sus extremidades están muy bien proporcionadas [...] no son muy corpulentos ni muy delgados, sino de buena y proporcionada distribución; sus venas no están completamente escondidas, ni muy marcadas con respecto a la carne".[1] Naturalmente, los europeos explicaban estas cualidades de acuerdo con los cánones de su propia medicina, atribuyéndolas al buen equilibrio de los diversos humores en la sangre, al calor natural y los espíritus vitales.

El color de la piel es descrito como bronceado, aunque se subraya la tez clara de la familia real mexica, una característica que también se consideraba propia de los toltecas. Sin embargo, más que a una diferencia racial, es probable que esta particularidad se debiera al hecho de que los miembros de la familia real estaban expuestos al sol mucho menos que sus súbditos.

En el siglo XVIII, Clavijero, pudiendo basarse tanto en su propia experiencia como en fuentes anteriores, describe la piel de estos pueblos como de color castaño.

Al describir el cráneo de los indígenas, Torquemada afirma: "En cuanto a la forma o figura de la cabeza, usualmente la tienen recta y proporcionada al cuerpo y a las demás extremidades; algunos la tienen inclinada y con una frente cuadrada y plana, mientras que otros la tienen de una forma mejor, semejante a un martillo o a una nave".[2]

Estudios modernos realizados en los cráneos han confirmado estos datos: en las áreas del norte del territorio mexicano hay un predominio de cráneos alargados, mientras que, a medida que avanzamos hacia áreas más meridionales, la frecuencia de los mesocráneos aumenta, lo cual nos indica un alto índice de mestizaje. Es probable que la observación de fray Juan de Torquemada a propósito del cráneo alargado de los mexicas se debiera a la preservación de una característica racial que aún no se había diluido en un

---

[1] Juan de Torquemada, *Monarquía Indiana*, México, UNAM, 1977. (Reproducción fotostática del original publicado en Madrid en 1723.)

[2] *Ibidem.*

grupo étnico recién llegado al altiplano mexicano (los mexicas llevaban ahí menos de tres siglos).

El cabello era espeso, la barba y el bigote eran ralos, e incluso había muchos individuos lampiños. Desde las primeras descripciones, se subrayaba que la calvicie era extremadamente rara entre los indígenas.

En cuanto a la fisonomía de los indígenas, volvemos a citar a fray Juan de Torquemada: "Tienen rostros bonitos y armónicos, tanto los hombres como las mujeres, y en su infancia son muy agraciados, tienen facciones muy hermosas y son muy alegres, lo cual es indicio y señal de la bondad de su complexión".[3]

Asimismo, fray Juan de Torquemada insiste en la belleza de los ojos negros, expresivos y brillantes, y en la buena agudeza visual, especialmente desde lejos, de modo que, en la época de la dominación colonial, sólo muy pocos indígenas usaban lentes durante su vejez.

Fray Juan de Torquemada también señala la agudeza del oído y del gusto, así como la gran sensibilidad del tacto, y atribuye a esta última característica la escasa resistencia de los indios a los golpes, a los latigazos y a los malos tratos.

La estatura promedio de los habitantes del altiplano central se puede clasificar como mediana, siendo de un metro sesenta y cinco centímetros para los hombres y de un metro cincuenta centímetros para las mujeres, aunque en ciertas descripciones se remarque la notable estatura del emperador Moctezuma (alrededor de un metro ochenta centímetros) y de algunos de los nobles.[4]

Respecto al promedio de vida de los nahuas prehispánicos, se calcula que era aproximadamente de 38 años, una cifra considerablemente alta si la comparamos con la de otros territorios (por ejemplo, para finales del siglo XVI, en Francia era alrededor de 29 años).[5]

---

[3]   *Ibidem*, p. 199.

[4]   *Cf*. Bernal Díaz del Castillo, *Historia verdadera de la conquista de la Nueva España*, México, Porrúa, 1980.

[5]   *Cf*. Hugo Brown, *Aportes de México a la medicina*, t. 1, Asesoría Carlos Viesca, México, Amequemecan, 1990.

La alimentación de los habitantes del Anáhuac

Mucho se ha dicho y especulado acerca de la alimentación y el estado nutricional en el México prehispánico. Los cronistas de la época describen las mesas de los grandes señores indígenas con una exuberancia que roza lo fantástico. Bernal Díaz del Castillo, un testigo ocular, refiere con admiración que al emperador Moctezuma se le preparaban más de trescientos platillos todos los días. Naturalmente no alcanzaba a comerlos todos ni siquiera con la ayuda de su séquito, ya que generalmente comía sólo con cuatro viejos consejeros que a veces probaban la comida, o a quienes a veces les pasaba un plato de lo que estaba comiendo. Los ingredientes de estos platillos cotidianos son enumerados por Bernal Díaz: "gallinas, gallos de papada, faisanes, perdices, patos, venados, cerdos, liebres, conejos, una gran variedad de aves y cosas que crían en estas tierras y que son tantas que no terminaré tan pronto de enumerarlas".[6] También menciona frutas de todo tipo y habla del cacao como de una bebida cotidiana.

Un poco más explícito es fray Bernardino de Sahagún, en el capítulo de su obra "De las comidas que usaban los señores aztecas", en el que no se refiere exclusivamente a Moctezuma y a su corte y guardia (a los cuales, así como a los nobles en general, se servían los platos de su mesa después de que él terminara de comer). Fray Bernardino habla de tortillas de varios tipos, de panes de maíz, de una gran variedad de tamales, de empanadas de pollo aromatizadas con chile amarillo, de pollo asado y de perdiz con pipián y chile rojo (el chile era un elemento esencial en las comidas, y constituía la base para aromatizar los platos). No faltaban en la mesa los peces y los animales acuáticos: langostas, camarones y ranas preparados de maneras muy variadas. Tampoco las larvas de un parásito del maguey (una especie de agave) faltan en esta lista. Durante estas comidas, cuando tenían lugar antes de tomar decisiones importantes o de embarcarse en peligrosas expediciones militares o comerciales, también se comía el *teonacatl* (que los cronistas de la época llaman "pequeños hongos que emborrachan"), cuya

---

6   B. Díaz del Castillo, *op. cit.*, p. 235.

función era permitir a los líderes del pueblo ponerse en comunicación con los seres superiores.[7]

Huelga decir que esta riqueza de alimentos estaba reservada para las mesas de las clases privilegiadas, entre las cuales podemos incluir a los nobles, los guerreros de alto rango, los comerciantes muy ricos y, tal vez, algunos artesanos especializados en profesiones prestigiosas como la orfebrería, la confección de mosaicos de piedras preciosas, el arte de preparar adornos de plumas espléndidas y raras.

Sería completamente engañoso pensar que las sociedades prehispánicas vivieran en tal estado de abundancia: no todas las poblaciones contaban con la variedad y cantidad de alimentos de las que disponían los mexicas, y no todos los mexicas tenían la oportunidad de obtenerlos y consumirlos. Sería absurdo creer que el pueblo pudiera disfrutar de tales banquetes y, además, con tanta frecuencia; por lo tanto, debemos examinar cuáles eran los elementos que constituían la dieta habitual de las clases humildes.

La base de su alimentación se constituía por el maíz y el frijol, plantas cultivadas intensamente en toda América Central, y que ofrecen contenidos de calorías y proteínas en cantidades aceptables. Estudios modernos han demostrado que estos dos alimentos fundamentales, considerados en conjunto, poseen los aminoácidos esenciales para satisfacer las necesidades de la nutrición humana, puesto que son complementarios entre sí (el frijol contiene los que escasean en el maíz, y viceversa). Además, el hábito de preparar la mezcla en el nixtamal, agregándole cal, permite una mucho mejor asimilación de sus nutrientes, independientemente del fundamental aporte de calcio implícito en este proceso. Éste garantizaba la presencia de calcio incluso en ausencia de animales productores de leche: de hecho, la falta de leche como producto básico en la dieta de los nahuas no tuvo como consecuencia el raquitismo infantil, patologías óseas u otras enfermedades causadas por la carencia de este mineral, las cuales eran prácticamente desconocidas en estas poblaciones.[8]

---

[7]   Más adelante hablaremos de esta presencia de los "hongos alucinógenos" en la medicina prehispánica.

[8]   Los animales lecheros fueron introducidos en América por los colonizadores, y no fue sino más tarde cuando se extendieron por toda la región.

El amaranto (*turnera ulmifolia*), también llamado *bledo*, cuyas semillas se usan para hacer dulces conocidos como "alegrías", era una planta ampliamente consumida, cuyo valor nutricional está plenamente demostrado hoy día. Calabacitas, jitomates, huazontles, quelites, nopales, pimientos, cebollas, camotes, chayotes eran alimentos ricos en proteínas y de consumo habitual. Otro alimento muy común eran las algas lacustres llamadas *espirulinas* (por su forma espiral), de fácil adquisición para todas las poblaciones del Valle del México y dotadas de un excelente valor nutricional.[9]

Sería imposible pasar por alto los frutos, cuya variedad y exuberancia tropical suscitó una gran admiración en los primeros europeos que llegaron al Nuevo Mundo, y que ocupaban un lugar bien definido en la dieta de las poblaciones nahuas. Además, la mayoría de ellos eran totalmente desconocidos fuera de estas tierras, y contenían nutrientes capaces de compensar los de otros productos que no se encontraban en el continente americano.

Por ejemplo, en el altiplano mexicano no existían cítricos: sin embargo, sus habitantes nunca padecieron escorbuto, ya que el aporte vitamínico de los cítricos (cuya deficiencia produce esta enfermedad) era asegurado por otras frutas que usualmente consumían. Podemos entonces afirmar que conforme a la variedad, cantidad y accesibilidad de los productos alimenticios de origen vegetal, las poblaciones del centro de México estaban más que suficientemente abastecidas para alimentar a una población que, en los últimos cien años antes de la Conquista, estaba creciendo a un ritmo vertiginoso. Los intercambios y los impuestos permitían a las grandes ciudades recibir todo tipo de verduras provenientes de los lugares más diversos y de las regiones más distantes, y esto añadía a la posibilidad de cubrir las necesidades alimentarias también la posibilidad de permitirse el lujo de probar productos exóticos.

Respecto a las carnes en la alimentación anahuaca. Hay que reconocer que varios estudiosos han subestimado su importancia en la dieta náhuatl, sin embargo, algunos mencionan al *coyametl*. El *coyametl* es el cerdo salvaje

---

9   *Cf.* Xavier Lozoya, *Plantas, medicinas y poder*, México, Pax, 1994, p. 56. Las píldoras de este tipo de algas marinas son exitosamente comercializadas hasta la fecha, como sustituto de las comidas en dietas de adelgazamiento, debido a su alto valor nutricional, aunado a un contenido calórico muy bajo.

de nuestro continente, aún existe en ciertas regiones del país y fue parte importante de la alimentación en el México antiguo. Aunque la carne no era básica en la mesa de nuestros antepasados, tampoco era inexistente, como lo señala Heriberto García Rivas en su libro *Cocina prehispánica mexicana: la comida de los antiguos mexicanos*.[10]

Para la época mexica la dotación cárnica provenía de venados, cerdo montés o *coyametl*, conejos, liebres, tejones, comadrejas, martas, ardillas, nutrias, tlacuaches, armadillos, mapaches, osos, tapires y *tepezcuintles*. De las aves tenían el pavo o guajolote, las especies *coxolitli* y *tepetototl* del faisán, ciertas palomas y codornices que criaban en domesticidad, y algunos huéspedes transitorios de los lagos, como patos, ánades y ánsares, así como pájaros que habitaban en las selvas cercanas: chachalacas, perdices, tórtolas y gallinetas. Además, surtían su mesa con ranas, culebras, tortugas, iguanas y lagartos; peces de las lagunas, y del Golfo de México, pámpanos, pargos, huachinangos, congrios, sollos y besugos.[11]

La tradición oral nos dice que el hombre aprendió a variar su alimentación tras darse cuenta de la destrucción que había hecho en su entorno al extinguir a las grandes especies. Así, los pueblos del norte respetaban al bisonte y nunca pusieron en peligro a su especie, al contrario, creaban bosques adecuados para el tránsito de los bisontes de tal manera que evitaban estampidas.

La domesticación de los animales fue importante para la alimentación anahuaca, pero más lo fue la domesticación del *teocintle* hasta convertirlo en maíz. La invención del maíz erradicó el hambre en el Anáhuac y creó la base alimenticia de todo un continente. Además, permitió la supervivencia de un animal manso y fácil de capturar: el *coyametl*. Con esta base de alimentación proveniente de la milpa, maíz, frijol, chile, calabaza y jitomate, se cubrían de sobra las necesidades diarias de cualquier persona.

Nunca y de ninguna manera fue necesario comer carne humana para solventar las necesidades proteicas, había suficientes especies animales que aparecían en la mesa de nuestros antepasados, además de no tener reparo

---

[10] Heriberto García Rivas, *Cocina prehispánica mexicana: la comida de los antiguos mexicanos*, México, Panorama, 2001.

[11] *Ibid.*, p. 32.

en alimentarse de insectos, gusanos y de la proteína proveniente de la *espirulina*. Además, la carne no era imprescindible en su plato como casi lo es para nosotros en la actualidad, que la consumimos más por placer que por auténtica necesidad. En realidad, nadie necesita comer cerdo o *coyametl* para tener una vida sana y plena.

Y aunque no podemos ignorar que la ausencia de bovinos, ovinos y porcinos suscitó en los europeos una impresión de escasez de alimentos que no era tal, este prejuicio también fue alimentado por las teorías antropológicas generales (las cuales han exagerado la disminución de la calidad de los alimentos que se produjo en el momento de la transición de sociedades de cazadores y recolectores a sociedades de tipo agrícola y sedentario, y aún más a sociedades caracterizadas por la constitución de grandes aglomeraciones urbanas). Y es que, por un lado, es verdad que en las ciudades del México prehispánico debió reducirse drásticamente el consumo de carne de animales selváticos como ciervos, jabalíes, monos, liebres, etcétera, que permanecieron como platillos reservados para las grandes ocasiones, o los banquetes de grandes personajes. Sin embargo, en las áreas rurales se siguieron comiendo varios animales de granja, tales como ciertos perros expresamente engordados para el uso alimentario y aves de corral (principalmente el pavo), de modo que todos podían comer carne con relativa frecuencia. En las áreas lacustres (en ese momento, casi todos los valles del altiplano), también hay que considerar las aves acuáticas, muy abundantes en ellas y que eran cazadas con intensidad. Los cronistas hablan de patos de muchas "maneras", y describen algunas especies, las cuales no consideramos necesario mencionar a detalle.

A su vez, el pescado tampoco faltaba en las mesas de los antiguos mexicanos. Seguramente muy pocos habitantes de México-Tenochtitlán podían degustar el huachinango fresco que llegaba a la mesa de Moctezuma desde la costa del Golfo, traído a pie por relevos de corredores; sin embargo, ellos podían disfrutar fácilmente de la gran variedad de peces ofrecida por la amplia zona lacustre en cuyo centro vivían. Otra fuente alimenticia cuyo valor no siempre ha sido apreciado fueron los insectos, que los antiguos mexicanos solían comer al igual que lo hacen hoy en día sus descendientes. Mosquitos, con los que se hacían tamales; hormigas, escamoles (huevos de hormigas asadas), acociles, jumiles, larvas de libélulas llamadas *aneneztli*, saltamontes, larvas de parásitos del maguey, entre otros, formaban parte de este variado repertorio alimentario que ofrecía un valioso aporte proteico.

En resumen, la situación ecológica y las condiciones históricas permitieron que en el Valle de México (especialmente en Tenochtitlán y en las otras grandes ciudades de la "triple alianza", es decir, Tezcoco y Tlacopan) se contara con una variedad antes desconocida de productos alimenticios, y esto permitió que, a pesar de los problemas inherentes a la necesidad de alimentar a poblaciones muy numerosas concentradas en espacios relativamente limitados, los habitantes de esas áreas urbanas estuvieran por lo general bien alimentados.

El cuadro que hemos trazado nos permite disipar varios malentendidos que se han difundido en la interpretación de la práctica del *canibalismo*. Hablamos de ello aquí, al final de una reseña de los hábitos alimentarios de los nahuas, precisamente porque algunos estudiosos han *reducido* esta práctica a una cuestión alimentaria, mientras que, como veremos, ella entraña significados muy diferentes.

Bernal Díaz del Castillo habla explícitamente del consumo de carne humana, narrando que a Cortés se le ofreció la carne de una persona sacrificada y que, después de que la rechazara, Moctezuma ordenó a sus sirvientes que no se la prepararan nunca más (guardando, en realidad, la sospecha de que esta le fuera servida de forma oculta, disfrazada entre los diversos platos, hábilmente elaborados, que el emperador hacía servir a su ilustre huésped). Sin embargo, es un hecho demostrado históricamente que entre los mexicanos prehispánicos existió el canibalismo, común entre todas las poblaciones genéricamente llamadas nahuas y que vivían en el Altiplano central en el siglo xvi.

De acuerdo con ciertos autores norteamericanos, por ejemplo Harner, la práctica del canibalismo se debía al hecho de que las poblaciones nahuas sufrieran una grave escasez de alimentos, especialmente en términos de proteínas animales, y que, por tanto, habían sido inducidas a alimentarse de carne humana para suplir dichas carencias. Una tesis semejante no sólo se ve ampliamente refutada por lo que hemos expuesto con anterioridad acerca de la validez del aporte proteico en la alimentación de estas poblaciones (incluidas las proteínas animales), sino que también es emblemática de los graves malentendidos en los que pueden incurrir quienes se acercan al estudio de las culturas adoptando los puntos de vista limitados de una antropología fisicalista y materialista. En realidad, el canibalismo (por lo menos relativamente a la cultura del México antiguo, pero probablemente también a nivel general) tiene raíces muy diferentes, de naturaleza metafísica y ritual. Para que no se piense que se trata de una interpretación "benévola" por nuestra parte, nada mejor que presentar una amplia cita de un acreditado estudioso, Carlos Viesca.

> Creo que, a la luz de los conocimientos actuales, no existe evidencia de que el consumo de carne humana entre las poblaciones nahuas se debiera a necesidades alimentarias, por lo menos en tiempos históricos. Este revela claramente un carácter ritual, en el que se emplea el simbolismo del consumo de productos de la naturaleza sacralizados, para reforzar la reproducción del hecho en tiempos futuros. Por otra parte, el estatus adquirido por algunos sacrificados los colocaba en la posición de encarnar ciertas divinidades, que de esta manera también eran comidas. Esto explica por qué la carne de individuos sacrificados fuera regularmente incluida en los banquetes del tlatoani y, aún más, nos explica por qué fuera ofrecida a Cortés, quien inicialmente era considerado como un dios.[12]

Si las observaciones de Viesca subrayan la falsedad y la falta de evidencias que corroboren la hipótesis de Harner, quien interpreta la antropofagia de los mexicas como un efecto de la presión del hambre y casi como una "necesidad ecológica", podemos agregar que, además, esta hipótesis es sugerida por un modelo de alimentación sumamente relativo (básicamente, el del Occidente moderno). Se ignora totalmente, en particular, que otras formas de alimentación (diferentes, pero no peores) han caracterizado a muchas otras culturas: piénsese en los pueblos vegetarianos que han existido desde los tiempos más remotos y que aún existen.

---

[12] Carlos Viesca, *Medicina prehispánica de México*, México, Panorama, 1992, pp. 22-23. En estas mismas páginas, y en las sucesivas, el autor proporciona, con un nivel científico, detallados argumentos analíticos para refutar la tesis de Harner.

En términos generales, vale la pena observar que en todas las culturas en las que está presente la dimensión de lo *sagrado*, todo lo que está dedicado a la divinidad no puede ser profanado o desaprovechado. O es destruido en formas rituales (generalmente quemado), o es consumido por los sacerdotes o los fieles, convirtiéndose en un alimento espiritualizado. ¿Es necesario recordar que, por ejemplo, San Pablo prohibió a los primeros cristianos consumir carne de animales sacrificados a los ídolos paganos, precisamente para no adherirse, ni siquiera de forma indirecta e involuntaria, a la idolatría? ¿O recordar que la teología católica ha desarrollado la complicadísima doctrina de la transustanciación, para darle un significado literal (y no puramente simbólico-conmemorativo) a la Eucaristía, entendida como una auténtica forma de alimentarse del cuerpo y de la sangre de Cristo, quien afirmó: "mi cuerpo es realmente comida y mi sangre es realmente bebida"? Que la comunión con la divinidad se pueda realizar misteriosamente comiendo la divinidad misma es, como vemos, una concepción religiosa de alcance universal y, por ende, no puede sorprender que estuviera presente entre los pueblos del México antiguo (especialmente si tomamos en cuenta lo que ya se dijo acerca del significado sublimado de los sacrificios humanos, del valor metafísico de la sangre, del significado "compensatorio" de su derramamiento en favor de los dioses, en el capítulo anterior).

Higiene personal y salud pública

Acercándonos aún más al tema específico de la medicina, dedicaremos ahora nuestra atención a las condiciones higiénicas, el verdadero marco general de toda práctica médica.

Los nahuas y la mayoría de los pueblos del México antiguo alcanzaron un nivel muy avanzado en el campo de la higiene personal. Examinaremos más adelante la relativa escasez de epidemias, y ya mencionamos el hecho de que la vida promedio de los mexicas alcanzaba, al momento de la Conquista, los 38 años: un nivel muy bajo cuando se le compare con los parámetros actuales, pero realmente admirable si se le compara en cambio con el de sus contemporáneos (en la misma época, como mencionamos, el promedio en Francia era de 29 años).

Una explicación plausible de estos hechos nos es brindada por la higiene personal y colectiva, ya que en todos los pueblos del México prehispánico se encuentran diversas pruebas de un verdadero culto de la higiene personal. La omnipresencia del *temazcal* es un simple indicio de este hecho. Esta forma de higiene avanzada conllevaba un uso muy frecuente y casi obsesivo del baño. El ritual de Moctezuma Xocoyotzin, por ejemplo, incluía cuatro baños diarios, tras los cuales también se cambiaba de ropa. Por supuesto, sus súbditos no podían hacer lo mismo, pero este ritual constituía claramente la expresión más alta de una tendencia y una costumbre generales, no habitual en la civilización europea de esa época.[13] Seguramente no es arbitrario ver en este culto de la higiene personal (como también lo sugiere Carlos Viesca) el reflejo de las diferentes concepciones antropológico-religiosas entre los pueblos europeos y amerindios. El cristiano medieval europeo tendía a despreciar el cuerpo, considerado más que otra cosa como la fuente de muchos pecados, mientras que el náhuatl de la misma época atribuía al cuerpo un valor especial, considerándolo como un reflejo y una representación del orden cósmico-divino.

La práctica del baño frecuente fue posible gracias a una sabia política de las aguas: en Teotihuacán se encontraron sistemas de tuberías de agua tan relevantes como para poder suministrar agua a la mayoría de los edificios más importantes de la ciudad.[14]

La higiene bucal ocupaba un lugar importante en la práctica diaria, tratándose de un hábito inculcado con insistencia en las instituciones educativas.

---

[13] Era tal la manía de los mexicas por bañarse, que fue la causa principal de la propagación de la viruela, importada por los conquistadores españoles. A pesar de las recomendaciones contrarias, ellos continuaron fieles a su hábito de bañarse con frecuencia incluso cuando se encontraban enfermos, ofreciéndole de ese modo a la epidemia un poderoso vehículo de difusión, ya que en las aguas usadas para bañarse, que terminaban siendo utilizadas también por otras personas, se vertían los virus que infectaban las pústulas. Bernal Díaz del Castillo, narrando este hecho, dice que la viruela fue "el gran soldado" que derrotó a los indígenas, ya que la epidemia exterminó a casi la mitad de la población. El estudio de estos sistemas ha convencido a muchos estudiosos de la existencia de dos redes con funciones específicas: por un lado, el suministro de agua y, por otro lado, la eliminación de aguas sucias. Esta interpretación se basa en el descubrimiento de colectores y sistemas de conducción en el interior de los hogares.

[14] *Cf.* H. Brown, *op. cit.*, p. 11.

Al mismo tiempo, existían ciertas prohibiciones y precauciones relacionadas con la ingesta de alimentos, que debían respetarse escrupulosamente para prevenir enfermedades. Los nahuas habían inventado una pasta de dientes, hecha con una mezcla de miel y ceniza, de uso generalizado. El *Libellum de Medicinalibus Indorum Herbis* de Martín de la Cruz contiene una serie de recomendaciones relativas a productos herbolarios eficaces contra el mal aliento.

Una forma importante de higiene pública era el tratamiento de la basura, que se practicaba de diferentes maneras en las ciudades que los españoles encontraron a su llegada. Varias excavaciones atestiguan la costumbre de enterrar la basura en los patios de las casas, pero existen varios indicios de la existencia de cierta disciplina que imponía tirar la basura en lugares especiales alejados de la ciudad.[15] Hay evidencia que en la capital, Tenochtitlán, la eliminación de la basura se había convertido en un problema suficientemente grave como para necesitar la intervención de las autoridades. Los templos y los lugares públicos se limpiaban con regularidad, y los edificios se enjalbegaban con frecuencia, con las consiguientes ventajas sanitarias. Torquemada también habla de la existencia de incineradores públicos, instalados precisamente para facilitar la eliminación de residuos, y menciona la existencia de equipos de hasta mil personas por barrio dedicados a la conservación de la limpieza pública. Una vez más, el contraste debió resultar evidente a los europeos recién llegados, cuyas ciudades, en el siglo XVI e inicios del XVII, estaban muy lejos de ser ejemplares por limpieza e higiene.

La efectividad de estas medidas higiénicas se muestra en un hecho que, aun sin poseer la fuerza de una prueba concluyente, parece muy significativo: en la mayoría de las ciudades y pueblos prehispánicos no se han encontrado evidencias de epidemias anteriores a la viruela, que era desconocida en América y fue traída por los españoles. En otras partes del mundo, la señal más clara de una grave epidemia es la existencia de muchos entierros colectivos, en los cuales los cuerpos eran enterrados sin un rito funerario. Este tipo de inhumaciones está prácticamente ausente en Mesoamérica, a pesar de que las situaciones favorables al desarrollo de epidemias fueran numerosas.

---

15   *Cf.* H. Brown, *op. cit.*, p. 13.

Es suficiente considerar la construcción de las grandes pirámides: se trata de un tipo de trabajo de ingeniería monumental que obligaba a reunir a grandes grupos de trabajadores durante periodos prolongados, en condiciones precarias de vivienda y con todas las circunstancias aptas para facilitar la propagación de enfermedades.

Además, muchas de las grandes pirámides mexicanas se ubican en áreas tropicales, en las cuales las enfermedades infectocontagiosas encuentran condiciones excepcionalmente favorables para su transmisión. Aun así, son muy pocas las inhumaciones existentes cerca de estas pirámides, a partir de las cuales se podría inferir la hipótesis de estragos epidémicos. No sólo eso, sino que tampoco hay indicios de una mortalidad más alta de lo normal, a pesar de que, según los cálculos realizados para las dos grandes pirámides de Teotihuacán, se cree que en su construcción hayan trabajado contingentes del orden de veinte mil personas.

Como dato comparativo, podemos mencionar que el primer intento de construcción del canal de Panamá –en el que se emplearon menos trabajadores y en una época en la que se podía contar con una medicina considerada más avanzada que la de los mexicas– esencialmente fracasó a causa de los estragos producidos por la fiebre amarilla. Por supuesto, los nativos prehispánicos no tuvieron que lidiar con la fiebre amarilla, como en cambio le tocó a de Lesseps durante el primer intento de excavación del canal de Panamá, pero no hay duda de que sus hábitos de higiene personal y colectiva los protegieron de la propagación de epidemias debidas a otros agentes patógenos.[16]

Tomando en cuenta lo dicho, se puede hallar cierta contradicción entre el estado relativamente avanzado de la salud pública en los territorios de la Anáhuac de la época precuauhtémica y el promedio de vida, relativamente bajo. Si bien es cierto que, como hemos señalado, éste era superior al de Europa en esa misma época, tampoco debemos olvidar que en Europa habían tenido efectos atroces las diversas epidemias de peste, que la azotaron con regularidad al menos desde mediados del siglo xiv en adelante. Resulta entonces legítimo preguntarse: ¿cuáles fueron las principales causas de

---

[16] Para un análisis más detallado de este problema, véase C. Viesca, *op. cit.*, p. 214.

mortalidad entre los pueblos indígenas nahuas? Un factor muy importante podría ser constituido por las numerosas y frecuentes guerras, pero a estas hay que añadir el hecho de que la medicina mexicana no parece haber sido capaz de resolver el problema de la alta mortalidad infantil. Infecciones gastrointestinales y respiratorias, además de las enfermedades eruptivas, fueron la causa de muchas muertes entre niños menores de cuatro años. El capítulo dedicado a la medicina náhuatl será el más apropiado para analizar este problema.

CAPÍTULO IV

Características generales
de la medicina náhuatl

Introducción

En repetidas ocasiones, hemos afirmado que la correcta comprensión de la medicina náhuatl presupone la delineación del marco metafísico-filosófico dentro del cual se ubica ésta. Para este propósito, hemos proporcionado información diversa acerca de la cosmología filosófica y la antropología filosófica de esta cultura. Esperamos no ser acusados de insistencia excesiva si, llegado el momento de abordar de manera específica el tema de la medicina, entendida en un sentido técnico, nos permitimos añadir ulteriores detalles que –aun pudiendo ser incluidos en la esfera de la antropología filosófica– guardan una relación más estrecha con la medicina. Si los desatendiéramos, la omisión sería tan grave como si alguien, al exponer la medicina de Galeno, omitiera mencionar la teoría de los diferentes humores y "espíritus vitales", o quisiera ignorar el peso de la astrología, siendo en cambio éstos, hasta después del Renacimiento (como se ha visto en la "Introducción"), componentes esenciales del pensamiento médico occidental.

La convicción de que la ciencia natural es una conquista exclusiva de la cultura occidental (partiendo de la idea de que sólo con la "revolución científica" de Galileo se inauguró, en Europa, una forma totalmente nueva de estudiar la naturaleza, basada en el método experimental), ha sido objeto de críticas desde hace ya mucho tiempo. En realidad, otras culturas también han conocido algo equivalente a lo que en la modernidad se conoce como ciencia, aunque sin contar necesariamente con todos los rasgos que caracterizan la ciencia occidental *moderna*. En particular, los especialistas no tienen reparo

123

en reconocer que en la América precolombina la ciencia astronómica conoció un alto nivel de desarrollo, basado en la observación rigurosa de los fenómenos celestes y en el uso de oportunos cálculos matemáticos. Es entonces comúnmente admitida la existencia, en el México precolombino, de una astronomía de tipo científico, hecho que está comprobado de manera evidente por restos arqueológicos y por documentación escrita muy precisa al respecto. Sin embargo, mucho menos conocido es el hecho de que una situación del todo parecida (y tal vez incluso más importante) existía en el campo de la medicina o de la filosofía. En la actualidad, sigue siendo muy común la convicción de que la medicina indígena se encontraba en un estadio de compenetración, de conmixtión con la brujería y la magia, de la misma forma en que se cree que ésta es practicada entre las civilizaciones llamadas "primitivas". Esta convicción, no sólo es desmentida por las declaraciones de los primeros conquistadores españoles acerca de la medicina que hallaron en las nuevas tierras de conquista, sino también por los médicos "científicos" del México anterior a la llegada de Cortés, quienes en sus libros operaban una distinción muy clara entre su propia manera de concebir y practicar la medicina y la de los brujos, curanderos y charlatanes.

Se podría entonces pensar que una investigación histórica que tenga como objeto la medicina en el México antiguo se *justifique* precisamente porque en esta parte del mundo ya se había desarrollado una medicina de tipo científico. Sin embargo, se trataría de una motivación totalmente inadecuada, engañosa e incluso peligrosa, desde el punto de vista metodológico, ya que supondría la adopción de un planteamiento simple y sencillamente antihistórico, como lo es la pretensión de describir, comprender y apreciar el pasado "a la luz del presente", volviendo casi inevitables los malentendidos y las distorsiones. Y es que la tarea del historiador consiste precisamente en lo opuesto: reconstruir y comprender los eventos del pasado *desde adentro*, es decir, realizando el máximo esfuerzo por reconstruir el marco dentro del cual los mismos se han producido, para poder discernir su verdadero *sentido* y alcance.

No ha sido sino hasta el siglo pasado, cuando el *historicismo* ha permeado la mentalidad culta del Occidente, que este tipo de enfoque se ha ido fortaleciendo; sin embargo, su influencia ha quedado limitada casi exclusivamente a las disciplinas humanísticas, mientras que la cultura científica ha seguido bajo la influencia de la mentalidad *positivista*. La diferencia entre estos dos enfoques se puede explicar fácilmente por medio de algunos ejemplos. Nadie cuestiona el hecho de que, para poder comprender de manera adecuada la obra literaria de Homero, de Dante, de Shakespeare, de Cervantes o de Goethe, es necesario "contextualizarlas en su época": no sólo en cuanto al contexto social, cultural, filosófico, religioso, político que ellas reflejan, sino también por lo que se refiere a las formas, los estilos, las teorías poéticas, teatrales, literarias, así como las finalidades que se le atribuían a la obra literaria en las diferentes épocas históricas y culturas originarias de estos autores (sobra decir que el mismo discurso es comúnmente aceptado también a propósito de pintura, escultura, música, filosofía o derecho). Por otra parte, esta contextualización histórica no impide en lo más mínimo apreciar el *valor* intrínseco y, por así decirlo, sobrehistórico, de las obras maestras del pasado, sin que se tengan que asumir como punto de referencia las producciones del presente. Dicho de otra forma: consideramos altísima la poesía de Homero o de Dante, la música de Beethoven o de Mozart, la pintura de Miguel Ángel o de Rembrandt, la filosofía de Platón o de Kant, sin sentir la necesidad de ver en ellos los "precursores" de Baudelaire, de Stravinski, de Picasso o de Heidegger. Es más, a menudo reconocemos que en el pasado se han alcanzado cumbres inigualadas en épocas más recientes.

En el caso de las ciencias, el punto de vista cambia por completo. Desde hace al menos un par de siglos, se han escrito historias de la matemática, de la física, de la biología, de la medicina, pero hasta hace no mucho tiempo éstas se habían caracterizado por una evidente falta de "sentido histórico". Esto se debe precisamente a una visión positivista de la ciencia, que considera la misma como una especie de edificio en constante construcción al cual cada época ha aportado alguno que otro ladrillo, o alguno que otro piso, los cuales sin embargo *siguen* incluidos y adquiridos dentro de lo que es *la ciencia*, o mejor dicho la ciencia actual. Así, las historias de la ciencia se resumían en un simple catálogo *cronológico* de los sucesivos hallazgos, un elenco de verdades y errores en el que las verdades se conservaban y ensalzaban, mientras que los errores eran progresivamente eliminados o corregidos. De toda la complejidad de la dimensión histórica, se conservaba entonces sólo el aspecto más banal, el de la sucesión cronológica, mientras que todo lo demás era relegado al nivel del "contexto" accesorio y accidental, el cual dejaba de ser objeto de interés porque, en la ciencia, lo que importa son los *resultados* que, una vez adquiridos, permanecen. De esta manera, resulta casi imposible apreciar siquiera el *valor científico* de ciertos resultados obtenidos por la ciencia del pasado. Por ejemplo, un problema matemático puede parecer simple y casi banal, cuando lo resolvemos valiéndonos de las ecuaciones algebraicas o del cálculo infinitesimal; sin embargo, su solución, cuando fue encontrada por primera vez por los griegos y utilizando únicamente construcciones geométricas, requirió una auténtica genialidad matemática, la cual es difícil de apreciar si lo "traducimos", como muchas veces se hace, en los símbolos y en las técnicas de la matemática moderna.

El ejemplo que acabamos de proponer sigue sin aclarar del todo la complejidad del problema de una historización de la ciencia: se limita a indicar la utilidad de tener en cuenta las condiciones *internas* de cierta ciencia en una determinada época y cultura, a fin de apreciar el *significado* y el *valor* de sus resultados. Es algo, pero no es mucho. Una historización adecuada tiene que ser capaz de tomar en consideración, y valorar, todo un conjunto de condiciones *externas* al puro campo disciplinario de una determinada ciencia, para así poder comprender y apreciar muchas de sus características internas. Para esclarecer este punto nos serviremos de un ejemplo sencillo, tomado de la física: la explicación del movimiento de los cuerpos. En la física antigua (hasta antes del Renacimiento), se consideraba que los cuerpos poseían un estado natural, el *reposo*, y que el movimiento requería ser explicado mediante oportunas *causas*. Para tal fin, se distinguía entre el movimiento "natural" y el movimiento "violento": el primero se debía a causas naturales, mientras que el segundo se originaba por la intervención de un agente que modificaba, cuando menos parcialmente, el curso del movimiento natural. Esto explicaría por qué una piedra cae en vertical, hacia abajo, por movimiento natural, mientras que sigue una trayectoria diferente, durante cierto tiempo, si es arrojada por una mano humana, o por un aparato bélico. Pero, *¿por qué* la piedra cae naturalmente hacia abajo? La teoría de los *lugares naturales*, relacionada a su vez con la teoría de los cuatro elementos, nos proporciona una explicación: la tierra y el agua tienen como su lugar natural *lo bajo*, mientras que el aire y el fuego tienen como su lugar natural *lo alto*. Eso implica que los cuerpos en cuya composición prevalecen la tierra y el agua son *pesados*, y cuando abandonan el estado de reposo se mueven consecuentemente hacia su lugar natural, es decir, hacia abajo; los cuerpos en los que prevalecen el aire y el fuego son *ligeros*, y tienden a moverse evidentemente hacia su lugar natural, es decir, hacia arriba. Estos movimientos son *rectilíneos* y, según los griegos, *imperfectos* (porque la línea recta es indefinidamente prolongable, y por ende "indefinida", mientras que lo que es perfecto tiene que ser definido y acabado en sí. Sin embargo, al observar los movimientos de los astros nos damos cuenta de que son en esencia *circulares*. La explicación de esto se hallaba en una diferencia en la materia que conforma los cielos: la *quintaesencia*, o *éter*, absolutamente *incorruptible* (a diferencia de lo que sucede con los cuerpos terrestres). Los cielos son esferas etéreas que se mueven de forma circular alrededor de la Tierra, y este movimiento es perfecto porque, aun pudiendo durar eternamente, siempre lleva en sí su propia conclusión y definición. La teoría puramente "topológica", por así llamarla, que reconocía un carácter absoluto a lo alto y a lo bajo, era entonces complementada por una doctrina cosmológica: existe un mundo *terrestre* corruptible, lugar de muchos rectilíneos, limitado en la parte superior por la esfera del fuego, y existe un *supramundo* incorruptible, lugar de movimientos circulares, cuyo límite inferior es el cielo de la Luna (razón por la que se distinguía entre mundo *sublunar*, o terrestre, y mundo *supralunar*, o celeste). El mundo supralunar estaba constituido por nueve esferas: la Luna, Mercurio, Venus, el Sol, Marte, Júpiter, Saturno, el Primer Móvil, y el Empíreo. Puesto que la observación astronómica muestra que muchos cuerpos celestes no siguen, respecto al observador terrestre, una trayectoria circular, el *axioma metafísico* de la incorruptibilidad de los cielos y de la perfección del movimiento circular condujo a la elaboración (matemáticamente compleja y en extremo ingeniosa) de la teoría de las excéntricas y los epiciclos: *todos* los cuerpos celestes se mueven de forma circular, sin embargo no para todos el centro del movimiento es la Tierra, pudiendo ser ya sea otro cuerpo celeste, o un punto que se encuentra en la órbita circular de otro cuerpo celeste. ¿Pero cómo se explica el hecho de que los cielos estén en movimiento, y no en reposo? Dada su perfección, su movimiento era causado por entidades inmateriales, *inteligencias* superiores de naturaleza divina y, en última instancia, por el Motor Inmóvil o, cuando la visión cristiana se sobrepuso a la cosmología griega, por Dios (quien reside en el Empíreo) y las inteligencias angélicas que dependen de él.

Con la física "moderna", la que fue inaugurada por Galileo y que alcanzó rápidamente una soberbia sistematización gracias a Newton, casi todos los elementos de esta concepción cambian de manera profunda. El movimiento no requiere, en sí, ninguna causa explicativa: el principio de inercia asevera que un cuerpo, sobre el que no sea ejercida ninguna fuerza, permanece en su estado de reposo, o bien, de movimiento rectilíneo uniforme. Para lo único que se requiere una causa es para explicar la *variación* del movimiento (es decir, la aceleración), y en este caso ésta es identificada en una *fuerza*, que se aplica a un cuerpo caracterizado por una *masa*. Por otra parte, la masa ya no tiene nada que ver con los cuatro elementos, por lo que la teoría de los lugares naturales cae por su propio peso. Reposo y movimiento también dejan de ser características absolutas, siendo en cambio (como Galileo ya nos había mostrado) relativas al movimiento *recíproco* de los sistemas de referencia. Una vez que la Tierra ya no es considerada el centro del universo, lo alto y lo bajo también dejan de ser localizaciones absolutas, sino que son relativas al observador terrestre. Además, las leyes de la nueva física, y en particular la ley de gravitación universal, son válidas tanto en la Tierra (explican el peso de los cuerpos) como en los cielos (explican las trayectorias de los cuerpos celestes). Deja de existir una distinción metafísica entre cielo y Tierra, y la doctrina de la incorruptibilidad de los cielos es abandonada en la explicación de las "manchas" solares, a la vez que se muestra que los movimientos de los cuerpos celestes no son circulares sino que, siendo el resultado de la composición de movimientos rectilíneos impuestos particularmente por la atracción gravitacional, pueden ser elípticos (como los de los planetas), hiperbólicos (como los de las cometas), o incluso bastante irregulares.

Este simple ejemplo nos muestra la imposibilidad de comprender los contenidos llamados "científicos" de la física y la astronomía clásica y moderna sin hacer referencia a las diferentes *visiones cosmológicas* que las mismas implican. De lo contrario, se corre el riesgo (como de hecho muchos hacen) de considerar como simples reacciones oscurantistas de filósofos obtusos y pedantes, de teólogos dogmáticos e intolerantes, de intelectuales ignorantes y presuntuosos, las dificultades habidas en la aceptación de la teoría copernicana, de los descubrimientos astronómicos de Galileo, de los primeros pasos de la nueva física. En realidad, lo que estaba en juego era la subversión total de toda una visión cosmológica, impregnada de implicaciones metafísicas, a la cual estaban ligadas concepciones teológicas, doctrinas morales y visiones antropológicas que durante aproximadamente dos milenios habían constituido el marco interpretativo de la realidad, de la vida y de la historia de todo el Occidente (muy probablemente, no le habrá pasado desapercibido al lector el hecho de que el marco cosmológico que acabamos de esbozar constituye el eje estructural, entre otras cosas, de la *Divina Comedia* de Dante Alighieri). No por nada, las modificaciones a esta visión cosmológica implícitas en la creación de la "nueva" ciencia natural conllevaron profundas modificaciones también a otros niveles, inaugurando la que se suele llamar civilización "moderna", con todos los tormentos intelectuales y espirituales que la caracterizaron.

Nos disponemos ahora a dar un paso ulterior, que nos permite acercarnos al tema de la medicina y de la filosofía. En una visión cosmológica como la clásica, en la que el universo era imaginado como un conjunto ordenado y los elementos materiales no eran guiados por *fuerzas*, sino por causas internas a su propia *naturaleza*, a su vez sujetas a *influjos* causales de orden superior atribuibles a principios inmateriales que rigen el curso de los cielos, era absolutamente obvio pensar que lo que sucede en la Tierra depende de alguna forma de causas celestes (no necesariamente "sobrenaturales", cabe precisar, sino más bien "naturales" en un sentido cósmico, en el que la Tierra sólo es una componente en el mucho más amplio juego cósmico). En particular, no era descabellado pensar que ciertos astros (en cuanto no reconducibles a puras "masas" atraídas por fuerzas externas) pudieran influir de manera significativa en ciertos elementos materiales, en su composición, en ciertos "humores" , en el funcionamiento de ciertos órganos, en el desarrollo de ciertas funciones vitales, al igual que en muchas más cosas. Dicho de otra forma, todo cuerpo celeste está dotado de su propia *naturaleza*, es decir que posee ciertas *cualidades* y, de acuerdo con la visión clásica, es justamente la naturaleza de las entidades la *causa* de su comportamiento y de su acción, incluso hacia otras entidades. Este orden de consideraciones nos lleva a una correcta interpretación de la *astrología*: ésta, lejos de constituir alguna forma de magia o de superstición, pretendía ser una ciencia, y precisamente la ciencia que, basándose en la convicción de una intrínseca interdependencia de todos los componentes del orden cósmico, buscaba específicamente establecer las interdependencias entre el mundo celeste y el terrestre. En particular, se pensaba que dichas interdependencias pudieran afectar de manera significativa al hombre, tanto en sus aspectos físicos como en los psíquicos y espirituales.

Muy a menudo se lee que el declive de la credibilidad de la astrología fue determinado por el desarrollo de la *astronomía* de tipo científico. Nada más alejado de la verdad: ya en la Antigüedad la astronomía había alcanzado un nivel muy considerable, basándose en observaciones y cálculos matemáticos, y ésta no solamente no había impedido el desarrollo de la astrología, sino que incluso le había proporcionado las bases para tratar de proponer un discurso al que hoy llamaríamos "científico". Incluso Kepler, quien vivió en la época del nacimiento de la ciencia moderna y fue él mismo un científico de primer nivel, era más conocido por sus contemporáneos como astrólogo que como astrónomo. La verdadera causa del declive de la astrología fue el desarrollo de la *medicina* científica en el sentido moderno, es decir, de la medicina que logró explicar las patologías y sugerir las terapias valiéndose de nociones y remedios "terrestres" en lugar de los "celestes". A este propósito, no hay que olvidar que, hasta la época renacentista, una sólida preparación astrológica era considerada como una componente esencial de los estudios médicos, precisamente porque se pensaba que el médico tenía que ser capaz de diagnosticar y curar tomando en cuenta la influencia de los astros en la constitución del enfermo y en el funcionamiento de su organismo. De hecho, las primeras dudas acerca de los alcances de la astrología empezaron a manifestarse en Europa mucho antes de la fundación de la nueva astronomía, y precisamente en el campo médico. Las pestilencias que brotaron en Europa a partir del siglo XIV desempeñaron, a este propósito, un papel muy importante: ante enfermedades capaces de causar la muerte, con síntomas idénticos, de cientos de personas de diferentes edades, condiciones y constituciones, era difícil pensar que la causa de todo ello residiera en el influjo de las constelaciones astrales que habían presidido al nacimiento del individuo, determinando de esta forma (de manera individual) sus posibles afecciones patológicas. No cabe duda de que los astrólogos encontraron la forma de incluir también estas patologías colectivas en sus esquemas, pero otras explicaciones se iban afirmando con una mayor fuerza persuasiva (por ejemplo, la teoría del "contagio", sugerida por las modalidades de difusión de la epidemia).

Esta breve referencia a la astrología nos induce naturalmente a tomar en consideración un último factor, absolutamente indispensable para la comprensión de la historia de las ciencias y, en particular, de la medicina en cualquier época y cultura: la *concepción antropológica*, es decir, la concepción de la naturaleza del hombre, que le subyace. Hasta ahora, hemos considerado un aspecto muy general de este problema, es decir, la visión organicista, según la cual el ser humano se encuentra inmerso en un cosmos ordenado con el que entrelaza relaciones y por el cual es influenciado de varias maneras. Sin embargo, desde la misma época griega se fue afirmando una concepción mucho más compleja (y destinada a un larguísimo auge), según la cual el hombre es un *microcosmos*, es decir, una reproducción en escala reducida de todo lo que existe en el universo (de ahí la famosa frase "lo que pasa arriba, pasa abajo y viceversa"). Así, por ejemplo, el ciclo de las estaciones está relacionado con el flujo y reflujo de los "humores", dando lugar a ciertas enfermedades "de temporada", mientras que las fases del ciclo lunar influyen en el ciclo reproductivo de la mujer, no menos que en las mareas.

Entrando más a detalle, la *naturaleza* (la *physis*) del hombre es tal que cada una de sus partes (al igual que pasa en la naturaleza en general) tiene su propia *naturaleza*, es decir, sus peculiaridades, que dependen de su constitución humoral y de su forma. Por tanto, así como el universo está constituido por los cuatro elementos fundamentales de Empédocles, cuya dinámica es asegurada por parejas de fuerzas antagónicas, el microcosmos humano también contiene estos cuatro elementos "primarios", gobernados por energías que se compendian en dos parejas antagónicas fundamentales: calor-frío, seco-húmedo. Además, al igual que los demás seres vivientes, el hombre posee otros cuatro elementos "secundarios", los llamados *humores*, caracterizados por el hecho de ser fluidos, mezclables, proporcionando el sustrato material de varias propiedades biológicas. Ellos también son "elementales", en el sentido de que no se pueden dividir en otros humores más sencillos, y, sin embargo, son el resultado de una mezcla variable de los cuatro elementos "primarios", lo cual permite explicar que, en ciertos procesos patológicos, puedan "corromperse", hasta el punto de dar lugar a la producción de sustancias "elementales" ya no de tipo humoral (como los cálculos, que son "piedritas" integralmente constituidas por el elemento tierra). En razón de su fluidez, los humores pueden moverse a lo largo de todo el organismo, y en razón de su miscibilidad pueden dar lugar a una mezcla, la famosa *krásis*, que cuando es bien equilibrada produce el estado de salud, mientras que al alterarse provoca las diferentes enfermedades. La doctrina de los humores fue variamente elaborada por la medicina griega, y se estabilizó en la obra de Galeno, a partir de la cual se identificaron los siguientes cuatro humores: la sangre, la pituita o flegma, la bilis amarilla y la bilis negra. A cada uno de ellos estaban asociadas dos de las cualidades ya enunciadas: la sangre era caliente y húmeda, la pituita fría y húmeda, la bilis amarilla era caliente y seca, mientras que la bilis negra era fría y seca. Los humores también cuentan con el equivalente de los "lugares naturales", ya que cada uno de ellos tiene su sede principal en una parte del cuerpo que regula su movimiento. Por consiguiente, cuando las sustancias ingeridas se transforman, debido a la digestión, en varios humores, estos se dirigen a su sede principal: la sangre se dirige al corazón, la pituita a la cabeza, la bilis amarilla al hígado y la bilis negra al bazo. La vida del organismo es asegurada por un *calor congénito* y por la alimentación, pero también por el regular desarrollo de numerosas funciones vitales, que están relacionadas con los humores pero no coinciden con ellos, por lo que a los diferentes humores y a sus combinaciones se le asociaban *espíritus vitales*. Esta expresión no tiene que interpretarse como una referencia a "sustancias espirituales", a pequeños "espíritus" de tipo animístico o mágico, sino más bien como "energías específicas" las cuales, vehiculadas por los humores, aseguran el desarrollo de las diferentes funciones vitales.

Con base en este *marco teórico*, era posible definir la *enfermedad* (alteración de la *krasis* ordenada) e individuar las *causas*. Algunas de ellas podían ser *externas*: alimentación, acciones del ambiente (tales como traumas, fatigas, venenos, clima, miasmas, etcétera), parásitos animales, emociones excesivas. Otras eran *internas*: constitución individual, sexo, edad, factores hereditarios. Aunque, ninguna enfermedad surge sin una causa ulterior, llamada causa *inmediata*, a veces difícil de individuar, la cual representa una "herida" (en el sentido amplio de la palabra), que es la que desencadena una serie de causas que inducen el proceso patológico.

No es el caso, aquí, de detenernos en las consecuencias que este marco teórico tenía en relación al diagnóstico y a la terapia de las enfermedades, las cuales pretendían, a través de procedimientos considerados eficaces, hacer que el organismo recuperara el equilibrio vital perdido. Lo que nos interesa es más bien resaltar cómo, en esta visión *organicista* y *finalista* del hombre, la enfermedad era concebida como un evento *excepcional* y producto de la casualidad. Contrariamente a la visión moderna de la naturaleza (que es en esencia *determinística*), el pensamiento griego no tenía reparo en admitir la existencia de la casualidad, y es precisamente un factor casual el que, como *causa inmediata*, provoca la ruptura de los equilibrios vitales y el surgir de la enfermedad, a la cual la terapia trata de poner remedio ayudando la naturaleza a retomar su cauce normal.

Lo anteriormente expuesto deja claro por qué los grandes médicos de la Antigüedad (en primer lugar, Hipócrates y Galeno) nunca dejaron de asociar una profunda reflexión teórica a su gran competencia diagnóstica y terapéutica. En particular Galeno, que además de médico era también filósofo en su obra: *Tratados filosóficos y autobiográficos,*[1] ofrece testimonios directos de la importancia que tuvieron las doctrinas de los filósofos, en especial Platón y, sobre todo Aristóteles, en su obra médica. Y no es de extrañar, porque para los griegos la medicina era una *techné*, es decir, no simplemente una práctica eficaz, sino una acción eficaz conocedora de las *razones* de su propio actuar, siendo afín –precisamente por esta razón– a la *ciencia* o *epistéme*. No

---

[1]   Galeno de Pérgamo, *Tratados filosóficos y autobiográficos*, Madrid, Gredos, 2002.

por nada, en las obras de Platón y Aristóteles, la medicina y la matemática son a menudo citadas como ejemplos en discusiones de carácter general acerca de las formas correctas del conocimiento y de la acción. Particularmente en el libro IV de las *Leyes*, Platón invita a no confundir al médico (quien poseía a la vez unos *conocimientos* robustos y el *arte* de saber curar) con el simple curandero, que era el médico de los esclavos y él mismo un esclavo.

La medicina galénica constituyó la sustancia de los conocimientos médicos en el Occidente hasta el Renacimiento, cuando empezó su lento declive debido a muchas razones (por ejemplo, el regreso y la difusión de la disección anatómica, la creciente atención al funcionamiento y la patología de los diferentes órganos, la invención y el uso del microscopio). Emblemáticamente, en 1543 se publicaron tanto la obra de Copérnico *De revolutionibus orbium coelestium*, como la de Vesalio *De humani corporis fabrica*. La primera contenía la propuesta de un sistema astronómico alternativo al de Ptolomeo, aceptado por la cultura occidental durante más de un milenio, mientras que la segunda contenía una detallada descripción anatómica del cuerpo humano, realizada con base en atentas observaciones directas de los resultados de las disecciones, que conllevaban numerosas correcciones de errores contenidos en los textos de Galeno, que habían sido considerados, durante un periodo casi igual de largo, como la base indiscutible de la ciencia médica. La coincidencia no es casual, entre otras cosas porque ambas obras no determinaron de un día para otro el declive de las concepciones tradicionales, pudiendo ejercer sus efectos únicamente después de que se produjera una mucho más amplia revolución del *marco conceptual* que había sostenido, respectivamente, la física y la medicina del mundo clásico y medieval.

Ya hablamos del cambio que se produjo en el marco *cosmológico*, y como era de esperar, dicho cambio no pudo sino repercutir también en la manera de concebir al hombre, es decir, en el marco *antropológico*. Los hechos lo demuestran: el mismo Galileo, quien había sentado las bases de la nueva ciencia del movimiento (la mecánica moderna), propone en sus *Discursos y demostraciones matemáticas en torno a dos nuevas ciencias* algunas consideraciones que interpretan ciertas estructuras del organismo animal de acuerdo con las leyes de la mecánica. Y precisamente entre los discípulos de Galileo, encontramos a los primeros autores (el más significativo de los cuales es Borelli) que se dedican a ampliar este discurso aplicándolo a la medicina, fundando la llamada *iatromecánica*. El cuerpo humano es concebido como una compleja *máquina*, y los órganos son interpretados como conjuntos de palancas, resortes, engranajes, canales en los que los líquidos se mueven impulsados por bombas, de acuerdo con las leyes de la hidrostática y de la hidrodinámica. Las funciones biológicas son interpretadas como operaciones mecánicas (por ejemplo, la digestión es interpretada como una trituración de los alimentos por parte del estómago y del aparato digestivo). El nuevo modelo mecánico, en el que el cálculo matemático tiene un papel muy importante, también permite proponer teorías revolucionarias. Un ejemplo de ello es la teoría de la circulación de la sangre: es propuesta por Harvey (1628), con base en cálculos en los que se muestra la inconsistencia físico-matemática de la concepción antigua, según la cual la sangre es constantemente producida y consumida en el organismo, y se defiende una nueva visión, según la cual la cantidad de sangre es básicamente constante, y ella se limita a "circular" en las arterias y en las venas impulsada por el corazón, que es concebido como una bomba destinada a realizar una tarea mecánicamente razonable. Nótese que esta teoría se impuso a pesar de no haber sido confirmada, inicialmente, por la observación: de hecho, para que se pudiera hablar de circulación, era necesario mostrar cómo la sangre arterial podía comunicar con la sangre venosa, para iniciar el recorrido de "regreso" hacia el corazón. Únicamente Malpighi, en 1661, utilizando el microscopio, pudo observar los vasos *capilares* (en la lengua de la rana) en los que se realiza dicho "cierre" del círculo sanguíneo, pero durante más de un siglo la teoría de la circulación fue aceptada exclusivamente con base en las *concepciones teóricas* que la imponían (al igual que la teoría copernicana: es sabido que ésta tuvo que esperar hasta el siglo xix para que se encontraran las pruebas *físicas* de la rotación terrestre, ya que las que el mismo Galileo había presentado eran totalmente inadecuadas).

De cualquier manera, todo esto no habría sido suficiente: era necesaria una mucho más profunda revolución *filosófica*, para asegurar un alcance *cosmológico* y *antropológico* a las nuevas concepciones de la *física*. Esta revolución es obrada por Descartes, quien propone de manera explícita romper con la *unidad* del ser que había sido tenazmente sostenida por toda la filosofía anterior. El filósofo francés afirma la existencia de *dos sustancias* absolutamente distintas y separadas: la *res cogitans* y la *res extensa*: en otras palabras, la esfera del pensamiento y el espíritu, por un lado, y por el otro la esfera de la materia (identificada con la extensión). La intención parecía sensata y, a la vez, visionaria: la difusión de la nueva ciencia, y su creciente capacidad explicativa en los campos más variados, conllevaban la afirmación de una metafísica *materialista*, una visión del ser en la que *todo* se reducía a materia y movimiento, y en la que la esfera del espíritu corría el riesgo de parecer un residuo arcaico, fruto de la ignorancia o de una superstición irracional. En cambio, con su *dualismo* Descartes cree haber mostrado cómo la concepción materialista se puede aplicar legítimamente sólo a la mitad de la realidad, es decir, al estudio de la *res extensa*, mientras que la otra mitad, la esfera del espíritu, sigue intacta y reservada a las reflexiones metafísicas y teológicas. En un principio, este planteamiento pareció suponer una gran ventaja: los filósofos y los teólogos podían seguir ocupándose de Dios, del alma y de su inmortalidad, sin temer intromisiones por parte de las ciencias naturales, mientras que los científicos podían desarrollar tranquilamente sus teorías sobre el mundo físico, sin miedo a la censura o a la injerencia de los filósofos y los teólogos. Sin embargo, esta ventaja tenía un precio muy alto: la ruptura de la *unidad* del ser, cuyas consecuencias se revelarían a lo largo de la historia del pensamiento moderno.

En particular, también se quebraba la *unidad del hombre*. El *verdadero* hombre, según Descartes, es el *cogito*, el pensamiento, mientras que el cuerpo humano sólo es una máquina complicadísima que está asociada a ello de una forma que ni Descartes, ni sus sucesores, supieron aclarar de manera satisfactoria. No es por nada que Descartes escribió (sin publicarlos en vida, ya que estaba consciente de las reacciones que suscitarían) un *Tratado del mundo* y un *Tratado del hombre* en los que, respectivamente, el cosmos y el organismo humano son descritos como grandes *máquinas*, es decir, como sistemas materiales enteramente explicados, en su constitución y en su funcionamiento, con base en los principios de la mecánica (que no tratara de la mecánica newtoniana, sino de la cartesiana, destinada a una vida breve, es algo secundario).

No analizaremos aquí las dificultades filosóficas de este dualismo: lo que nos interesa es considerar algunas de las consecuencias que éste supuso en el desarrollo de la medicina. Esa homogeneidad entre *visión cosmológica* y *concepción antropológica*, que hemos encontrado en el pensamiento antiguo, se vuelve a presentar: los mismos principios rigen el macrocosmos y el microcosmos, y, por ende, el mismo *tipo de conocimiento* sirve para el estudio de ambos, siendo este (como se ha visto) el conocimiento *científico*, en el *nuevo* sentido que esta noción ha adquirido. La nueva ciencia es, de hecho, la *física*; por lo tanto, los nuevos conocimientos en los que deberá basarse la medicina serán (por lo menos a nivel *teórico*) los de las ciencias físicas. Podemos entonces afirmar que la idea de una medicina *científica* en el sentido moderno encuentra sus fundamentos conceptuales en el dualismo cartesiano, Por eso ella se configurará como una medicina *fisicalista*. A medida que el campo de las "ciencias físicas" se vaya ampliando, la medicina también aprovechará estas ampliaciones (por ejemplo, la iatromecánica será sustituida por la iatroquímica, en el momento en que la química empezará a delinearse como ciencia distinta de la mecánica), y esto le permitirá progresar enormemente, aunque obviamente un papel importante, en este sentido, también lo desarrollarán los nuevos conocimientos adquiridos en el curso de la *práctica* médica como tal.

Para corroborar esta afirmación, mencionaremos un par de obras de ilustres representantes de la ciencia médica al principio de este proceso de "cientifización". El conocido médico holandés Hermann Boerhaave (1668-1738), a pesar de haber desarrollado los aspectos teóricos de su ciencia en la dirección de una síntesis entre las doctrinas humorales y las "solidistas" en boga en su época (cuya continuidad con la medicina clásica es evidente), y de haberse valido, en su terapéutica, de una gran competencia botánica y de un excepcional talento clínico, nos dejó por otra parte una obra cuyo título es sumamente significativo: *De usu ratiocinii mechanici in medicina oratio* (Discurso sobre el uso del razonamiento mecánico en la medicina), publicado en 1703, el cual deja patente el influjo de las nuevas concepciones mecanicistas en su concepción teórica. Un médico menos famoso, pero también significativo, es el alemán Friedrich Hoffmann (1660-1742), quien publicó en 1693 sus *Fundamenta medicinae ex principiis mathematicis* (Fundamentos de la medicina a partir de principios matemáticos). El mismo título indica la fascinación ejercida sobre la medicina por la "mecánica racional" de enfoque matemático, la cual había sido presentada, justo siete años antes, en los *Philosophiae naturalis principia mathematica* (Principios matemáticos de la filosofía natural) de Newton. Hacer de la medicina una ciencia exacta ya era, como se puede ver, un ideal muy fuerte, y el mismo Hofmann le puso a su obra principal, publicada en 1740, el muy significativo título de *Medicina rationalis systematica* (Medicina racional sistemática). Para él, toda teoría médica debía basarse en conocimientos exhaustivos de anatomía, física, química y mecánica, condiciones sin las cuales el razonamiento médico corre el riesgo de volverse estéril o erróneo. Este planteamiento supone una sustancial adhesión a la iatromecánica: el cuerpo humano es una máquina hidráulica, en la cual se producen movimientos de varia intensidad de las partes líquidas y sólidas, y que contiene varios humores. El tratamiento médico consiste en el intento de reordenar estos movimientos, alterados por la enfermedad, aumentándolos y moderándolos.

Esta fisicalización de la medicina produjo, sin duda, resultados considerables, pero la ruptura de la unidad del hombre que ella suponía era destinada a revelar serias dificultades. Hoy en día empezamos a estar conscientes de ello (piénsese en la medicina psicosomática, la cual trata de reconstruir esta unidad en el seno de la medicina). Sin embargo, la seriedad del problema ya se había hecho evidente en la teorización y en el tratamiento de las enfermedades mentales. Fue necesaria la genialidad de Freud para reivindicar la *especificidad* de la esfera psíquica con respecto a la puramente fisiológica y neurofisiológica, cuando el padre del psicoanálisis comenzó a estudiar las causas meramente psíquicas de ciertas patologías, desarrollando a partir de ahí toda una teoría del mundo psíquico (caracterizado por la presencia de significados e intenciones) en términos ya no relacionados con las dinámicas corporales. Más en general, la psicología y la psiquiatría han enriquecido sumamente el marco conceptual de las ciencias médicas con elementos no fisicalistas, pero todavía estamos lejos de recuperar una visión *integral* del hombre, capaz de incorporar, sin escisiones, los aspectos materiales y los espirituales de su *naturaleza*.

Un factor en parte inesperado que impulsa a recuperar esta visión unitaria surgió precisamente de la adopción coherente de la idea de aplicar una medicina *científica*. Durante un par de siglos, esto significó utilizar para la medicina los *conocimientos* proporcionados por las ciencias naturales (sobre todo, las ciencias biológicas), pero en un momento dado resultó evidente que, para que pudiera ser considerada científica, la medicina también tenía que adoptar el *método* de estas ciencias, es decir, volverse ella misma una *ciencia experimental* (la famosa obra de Claude Bernard, *Introducción a la medicina experimental*, se publicó en 1870). Concretamente, esto significa que un nuevo fármaco o un nuevo tratamiento en general, después de ser científicamente diseñados en un plano teórico y ser experimentados en animales de laboratorio, en cierto momento tienen que ser experimentados también *en el hombre* a fin de averiguar su eficacia, al igual que la ausencia de riesgos o efectos colaterales nocivos. Desde un inicio, fue evidente que esto también suponía problemas *morales*, y a lo largo del tiempo se han formulado prescripciones detalladas acerca de las modalidades y los límites de este tipo de experimentación, las cuales sin embargo no constituyen el tema central de este estudio. En la actualidad, estas preocupaciones morales se han extendido más allá del puro campo de la experimentación clínica, y constituyen una larga parte de la llamada *bioética*, la cual se plantea las siguientes preguntas: ¿Qué sentido tiene todo esto? ¿Qué significa sostener que en el campo médico tampoco es lícito hacer cualquier cosa? Las respuestas a estas interrogantes, evidentemente residen en el hecho de que no se puede *tratar al hombre* de forma arbitraria, ya que él es diferente, *por naturaleza*, no solamente a un puro sistema físico, sino también a los demás animales. Resulta entonces evidente que, aunque sólo parcialmente, nuestra *concepción antropológica* sigue influyendo en la medicina y, en particular, nos obliga a corregir el planteamiento estrictamente fisicalista adoptado desde hace tres siglos por la medicina occidental.

Esta introducción, aparentemente larga, nos pareció indispensable para justificar la estructura y el planteamiento de nuestro trabajo. Y es que hemos constatado que no es posible proporcionar una representación correcta, y *entender desde adentro* la evolución de la medicina a lo largo de la historia, sin analizar con detenimiento las *visiones cosmológicas* y las *concepciones antropológicas*, que no pueden ser reducidas a un mero contexto, sino que muy a menudo determinan los rasgos fundamentales de las teorías médicas, reflejándose en las prácticas diagnósticas y terapéuticas. Si se pasan por alto estos aspectos, la historia de la medicina se reduce meramente a un catálogo de curiosidades, dentro del cual destacan un gran número de "errores" y unos cuantos "aciertos", hallazgos casi casuales, ya sean remedios eficaces para ciertas enfermedades, habilidades terapéuticas o quirúrgicas, relaciones particulares entre médico y paciente, entre otros aspectos. En otras palabras, nos estaríamos conformando con una reseña *extrínseca* de ciertos datos fácticos, a falta de una verdadera *comprensión histórica* de su significado y su valor.

Nótese que hemos reconocido la oportunidad de este tipo de disertación limitándonos *a una sola cultura*, es decir, a nuestra cultura occidental, en la que nos limitamos a tomar en cuenta un desarrollo cronológico. Dicha oportunidad se revela aún mayor, representando una verdadera necesidad, cuando tratemos de acercarnos a *otras culturas o civilizaciones*, lejanas no solamente en el tiempo, sino también en el espacio, en el ambiente, las mentalidades y las costumbres.

Cualquier antropólogo, así como cualquier etnólogo, que cuente con una consciencia metodológica, conoce muy bien este tipo de problemas, pero el historiador de la medicina tampoco puede ignorarlos. Por esta razón, hemos dedicado un primer capítulo, bastante extenso, a la presentación de las doctrinas metafísicas, cosmológicas, antropológicas de las civilizaciones del México antiguo, para después esbozar las características físico-ambientales de la civilización del Anáhuac y por último pasar a abordar los argumentos más específicamente pertinentes a la medicina dicha[2] (en los cuales, por cierto, a menudo aflorarán los nexos con los temas tratados en el capítulo "El pensamiento filosófico náhuatl sobre la divinidad y el cosmos").

---

[2] De aquí en adelante, la casi totalidad de la información que proporcionemos es tomada del trabajo de Carlos Viesca, *Medicina prehispánica de México*, ya anteriormente citado y que, en este caso, reviste para nuestro trabajo una importancia similar a la de la obra de Miguel León-Portilla, *La filosofía náhuatl*, de la cual nos servimos para exponer los lineamientos del marco filosófico general.

Las entidades anímicas

Una de las causas que los nahuas atribuían a la aparición de ciertas enfermedades era la "pérdida del alma". Claro está que, para poder comprender esta tesis médica, es fundamental saber qué significaba el alma para estas poblaciones, aun cuando nos limitemos al caso del hombre. En la misma civilización occidental, por ejemplo, el concepto de alma experimentó una notable evolución histórica, antes de estabilizarse en torno a la noción de principio espiritual del hombre (llegando, en la visión cristiana, hasta el punto de ser considerado consustancial a la naturaleza divina). De hecho, después de que fuera pensada como simple principio vital en los orígenes del pensamiento griego, ya en Platón encontramos una tripartición del alma, es decir, la famosa teoría de las tres almas (concupiscible, irascible y racional, cada una radicada en distintas partes del cuerpo), e incluso Aristóteles, aunque no admitiera la presencia de tres almas en el hombre, distingue tres partes o funciones del alma humana (la vegetativa, la sensible y la racional).

Los nahuas también admiten la existencia de tres entidades anímicas fundamentales para la constitución del ser humano, cada una de ellas dotada de distintas funciones y orientaciones.

La más elevada es el *tonalli*: este nombre indica el calor solar, y también el día del nacimiento (al igual que el tipo de destino al que está relacionado). Es enviada desde los cielos al niño antes de su nacimiento, y es reforzada por el rito que, pocos días antes de nacer, le imprime el *tonalli* propio del día de su nacimiento. Se ubicaba en la cabeza, probablemente en el cerebro, y era la fuente de la fuerza que se comunica a través de la mirada. Podía salir del cuerpo durante un tiempo breve, y era responsable del crecimiento, del apetito, del estado de vigilia y, junto con el *teyolía* del que hablaremos a continuación, intervenía en la facultad del pensamiento. Dado su origen celeste y solar, su naturaleza era "cálida". Los estados de inconsciencia (cualquiera que fuera su causa: embriaguez, coito, sueño) son las condiciones en las que se pensaba que podía salir del cuerpo. Desde la cabeza, el *tonalli* irradiaba su energía hacia el resto del cuerpo, en regulación mutua con las otras dos entidades anímicas.

La segunda entidad, llamada *teyolía*, estaba ubicada en el corazón, también provenía de los cielos y los dioses la donaban al niño desde que este entraba al vientre materno. Su principal característica es la vitalidad, no pudiendo haber vida en su ausencia: por esta razón, el corazón y la sangre en ella contenida eran considerados alimentos indispensables (como ya sabemos) para mantener vivos a los dioses. Siendo de una naturaleza cálida debido a su origen celeste, este principio vital se volvía frío a la muerte de su posesor, y tenía que emprender una peregrinación en el inframundo hasta llegar al reino de los muertos. La esfera afectiva y todas sus manifestaciones y afecciones estaban relacionadas con las funciones del *teyolía*, el cual, además, también entraba de manera esencial en la actividad del pensamiento. De acuerdo con los sabios nahuas, a este segundo principio anímico estaba ligado el pensamiento organizado, congruente y racional, así como la capacidad de adivinación y la actividad fantástica.

La tercera entidad del alma, llamada *ihíyotl*, estaba localizada en el hígado. Sus funciones están menos documentadas, pero se sabe que estaba principalmente relacionada con la vida emocional. Cuando el hígado no lograba controlarla, podía salir del cuerpo bajo forma de una emanación capaz de dañar a otros seres que entraran en contacto con ella. La alegría y el placer eran considerados manifestaciones del *ihíyotl* en un hígado fuerte y bien equilibrado en sus funciones.

La que nosotros llamamos salud psicofísica del hombre depende del funcionamiento armónicamente concertado de estas tres "almas", dos de las cuales, por lo menos, son de procedencia celeste y, por tanto, se encuentran en relación directa con los influjos cósmico-astrales de los que hablamos en anteriores ocasiones. Como se puede ver, los nahuas también concebían la medicina y la astrología como estrictamente interdependientes, pero no es necesario ahondar demasiado en este punto. Nos limitaremos a señalar que el mencionado *Códice Vaticano Latino* contiene un esquema de correspondencia entre los órganos del cuerpo y los signos del calendario: el corazón está vinculado con el signo del movimiento, el hígado con el animal terrestre, el pene con la serpiente, el pie con el venado, los intestinos con una hierba retorcida, el útero con el lagarto, entre otros.[3]

La concepción de la enfermedad

Toda medicina se basa en la manera de *concebir* la enfermedad, ya que es la interpretación de la enfermedad lo que lleva a proponer formas *consideradas* eficaces para combatirla. Estudiar la medicina de una determinada época y cultura implica, antes que nada, *comprender* a fondo su forma de entender la enfermedad. Por otra parte, aun adoptando honestamente esta intención, no es fácil asumir la actitud metodológica correcta. Es, pues, muy natural la tendencia a creer que nosotros, hoy, poseemos la *verdadera* interpretación de la enfermedad, o de alguna enfermedad en particular, y asumir, frente a la interpretación que de ella se da en otra cultura, una actitud implícita de superioridad sin darnos cuenta de que, en *ese* preciso contexto cultural, aquella era precisamente la interpretación más racional, e incluso la más correcta para fines de su tratamiento. Se podría pensar que, a pesar de esto, es totalmente legítimo distinguir, en el pensamiento y la práctica médica de otra cultura, aquellos aspectos o elementos que también reconocemos como científicamente válidos, manteniéndolos separados de otros que (aunque comprensibles en su propio contexto), en cambio, atañen a la esfera de la magia o la religiosidad. Esta precaución también es traicionera: estaríamos aplicando a dicha cultura *nuestras* formas de concebir lo que es científico, mágico o religioso, y éstas distan mucho de tener ese carácter absoluto y universal que, en nuestra visión, les es inherente. Más aun cuando sucumbiéramos, impulsados por la mentalidad positivista y científica de la que estamos inconscientemente impregnados, a la tentación de

---

[3] Algunos estudiosos han avanzado la tesis de que el hecho de encontrar estos datos en un texto que, aun siendo indígena, fue escrito a mediados del siglo XVI, indica una influencia europea, ya que la astrología era un elemento muy importante de la doctrina médica en la Europa de la época. En otras palabras, los signos del calendario náhuatl serían simplemente una sustitución de los símbolos zodiacales que la astrología occidental solía asociar con las partes del cuerpo. Sin embargo, la documentación existente de una práctica astrológica prehispánica autónoma es suficiente como para considerar que estas asociaciones también estuvieran radicadas en esta larga tradición.

calificar como "racionales" únicamente los aspectos que de alguna manera se aproximan a nuestra forma científica de interpretar y tratar los problemas médicos, calificando como "irracionales, primitivos, supersticiosos" los que están relacionados con la esfera de lo sagrado o lo mágico.

Partiendo de estas premisas, podemos indicar desde ahora una diferencia sustancial –de carácter estrictamente médico, podríamos decir– entre la concepción náhuatl de la enfermedad y la de la medicina occidental *moderna*. En esta última se ha ido afirmando la concepción de que cada enfermedad depende de una lesión, a veces microscópica, de un determinado órgano o de una parte del mismo. Los médicos nahuas, por su parte, la concebían como el resultado de los cambios dinámicos que se producen dentro del organismo considerado en su conjunto, teniendo, por tanto, un carácter mucho más funcional que orgánico.[4]

El hombre es una individualidad inmersa en el cosmos, y representa un centro de fuerza que al mismo tiempo participa y se opone al juego de las fuerzas cósmicas. De la intensidad de esta fuerza (diferente en cada persona) depende su capacidad para interactuar con el cosmos, logrando mantenerla dentro de ciertos límites y defendiéndola contra la intrusión de fuerzas extrañas: la salud y la enfermedad son la expresión del resultado de esta interacción cósmica. Se puede entonces hablar, en cierto sentido, de la salud como un mantenimiento del "equilibrio", siempre que este se entienda de forma dinámica y no estática, de acuerdo con el marco descrito anteriormente. Como consecuencia de ello, las enfermedades se presentarán con intensidad (e incluso con identidad) variable dependiendo de quién sea el agente productor, de quién sea el sujeto que las padece, de la violencia de la agresión, del lugar o del órgano más directamente afectado, de las condiciones particulares del paciente en ese momento específico, y en general de la concurrencia de estos y muchos más factores. No es casualidad que hayamos dicho "quién" es el agente productor (en

---

4   Incluso la medicina occidental, durante varios siglos, se mantuvo muy cerca de una visión de este tipo, y se sabe que sólo a principios del Renacimiento comenzó a centrarse en la patología de los diferentes órganos. Sin duda, este cambio permitió un rápido y significativo progreso de la medicina occidental (aunque no haya sido el único elemento decisivo en este sentido), y esto explica la larga fortuna que este paradigma ha conservado en su seno. Sin embargo, hoy día se ha empezado a reconocer sus límites. Es inútil subrayar cómo esta concepción sea muy difundida en todas las culturas excepto en la occidental moderna, inspirada por la ciencia.

lugar de "qué cosa" es): para el médico y el paciente nahuas, la causa de la enfermedad siempre era una individualidad personal, ya sea natural o sobrenatural (como lo hemos ilustrado en el capítulo sobre la concepción cosmológica náhuatl); en un sentido amplio, toda enfermedad tiene un origen de alguna forma divino, y su causa debe ser hallada en una posible ofensa, específicamente hacia el dios del lugar donde vive el paciente (hoy diríamos, a su santo patrono). En línea subordinada, también los hombres malévolos, o una vasta serie de seres "naturales" que, sin embargo, se consideraban dotados de voluntad propia, podrían ser la causa de una enfermedad (o de su curación), sobre todo en la medida en que se ocultaban en ellos entidades sobrenaturales más poderosas, o en que ellos constituían el vehículo de su acción. Resumiendo, podemos decir que las enfermedades se podían clasificar en dos grupos fundamentales: las que eran producidas por la intrusión en el cuerpo del paciente de algún ser u objeto extraño, y las derivadas de la pérdida o disminución de una de sus entidades anímicas.

La acción de las divinidades

Según el pensamiento náhuatl, como se ha visto, el hombre se encuentra en una estrecha relación de recíproca dependencia con la divinidad, aunque esta última es muy superior a él y merece su respeto y su obediencia. Una transgresión de la voluntad divina a menudo desencadena la enfermedad: sin embargo, esta no es vista como un castigo infligido al "pecador", sino como un esfuerzo que los dioses realizan para restablecer el orden cósmico alterado. La enfermedad tiene entonces un *sentido*: es el precio "local" del sufrimiento que debe pagarse para mantener el orden y el equilibrio dinámico (es decir, la salud) general. Algunos dioses eran considerados como promotores de acciones típicamente beneficiosas (como *Quetzalcóatl*), o típicamente destructivas (como *Tezcatlipoca*); pero esto se aplica al Sol actual, ya que durante los soles anteriores sus papeles habían sido a veces invertidos. Es obvio que *Quetzalcóatl* fuera considerado como el dios que cura de todos los males (y en el día de su fiesta acudían a su santuario en Cholula un gran número de enfermos y discapacitados, para obtener la curación); por otra parte, en su denominación subalterna de dios del viento (*Ehécatl*), él mismo era considerado la causa de resfriados, reumatismos, tortícolis, congestión intestinal. En cuanto a *Tezcatlipoca*, señor del inframundo, era el dios del castigo, el que envió las epidemias y la locura a la tierra, pero también podía dar (o quitar) la prosperidad y la riqueza.

Anteriormente mencionamos la compleja figura de *Tláloc*, dios de la lluvia, responsable de diversas enfermedades en cuya sintomatología era predominante la presencia patológica de líquido (hidropesía, gota, pústulas, granos, inflamaciones glandulares), así como de muertes por ahogamiento o por efectos de un rayo. Sin embargo, se puede llegar a afirmar que estas enfermedades y tipos de muerte eran enviadas a hombres de alguna forma privilegiados porque, si morían como resultado de éstas, eran destinados a la residencia de *Tláloc*, el *Tlalocan*, una especie de paraíso terrenal caracterizado por una primavera perpetua, ubicado por encima de las cumbres de las más altas montañas cubiertas de nieve.

Divinidades menores, del viento y de las aguas, vivían en lugares particulares como cuevas de montaña o manantiales, y quienes se acercaban a ellas podían contraer enfermedades, como si fueran contaminados por invadir estos lugares sagrados (entre las poblaciones indígenas actuales siguen existiendo muchas creencias de este tipo). No enumeraremos otras fuentes de enfermedad relacionadas con la frecuentación, aunque fuera ocasional, de lugares en los que se creía que vivían ciertos espíritus, cuyo efecto era el de volver el aire insalubre. También ciertas piedras preciosas o plantas sagradas, consideradas la sede de las acciones divinas, podían causar enfermedad, asimismo los cadáveres de los ahogados. Estas enfermedades podrían llamarse "contagiosas", no bien en el sentido científico actual de una acción patógena debida a la transmisión de microorganismos, sino en el sentido de emanaciones provenientes de ciertos cuerpos, que podían transmitir ciertas enfermedades.

Según la misma lógica, se atribuían a la acción del dios *Xipe Tótec* (responsable del enverdecimiento de la tierra después del invierno) varias enfermedades que se manifestaban con mayor frecuencia al inicio de la primavera, como erupciones cutáneas, supuraciones, inflamación de los ojos y conjuntivitis. Se pensaba que las divinidades como *Amimitl* y *Atlaua* causaban enfermedades que se manifestaban entre las personas que cultivaban chinampas (es decir, áreas pantanosas) e iban desde la disentería y la diarrea hasta los resfriados: aunque fueran muy diferentes entre sí, eran reconducidas a la misma causa divina, precisamente porque se consideraban ocasionadas por las divinidades que presidían esos lugares.

Aunque la enfermedad (aun siendo de origen divino) no fue considerada generalmente como un castigo, existían casos en los que sí era considerada como tal. Por ejemplo, los que no respetaban la abstinencia sexual durante los cuatro días anteriores a la fiesta llamada *xochilhuilt,* que se celebraba en honor a la divinidad de las flores, eran castigados con "enfermedades de las partes secretas", como hemorroides y supuraciones de los órganos genitales. Viceversa, enfermedades realmente venéreas no eran atribuidas a la transmisión genital, sino más bien a la acción de *Tláloc*. La diosa del amor *Tlazolteotl* también solía enviar castigos a los que mantenían amores ilícitos. Éstos se manifestaban a veces en forma de crisis convulsivas que afectaban al (verdadero o presunto) culpable, pero es interesante observar que la enfermedad podía afectar, en su lugar, a otras personas con las que éste vivía habitualmente en contacto, como niños pequeños o parientes. Toda una serie de enfermedades para las cuales no se consideraba una etiología específica eran atribuidas de alguna forma a esta influencia patológica transmitida a distancia por el individuo contaminado, como si se tratara de una emanación maligna.

Enfermedades causadas por seres humanos

Es obvio que, en el marco de una visión como la náhuatl, había un amplio margen para considerar la posibilidad de influjos maléficos producidos por tipologías particulares de personas. Se trata de un tema común a casi todas las culturas: el tema de la magia y la brujería. Por esta razón, no nos parece oportuno adentrarnos en detalles, y nos limitaremos a una descripción general y a la mención de unos pocos rasgos algo más específicos.

Se pueden distinguir tres clases básicas de individuos con poderes malignos: los que, siendo dotados de una energía personal particular, producen involuntariamente efectos negativos; los que producen tales efectos intencionalmente utilizando, de ser necesario, una tercera persona; las personas naturalmente perniciosas.

Formaban parte de la primera clase individuos que, ya sea en virtud de su constitución o en virtud de su función, eran dotados de un exceso de energía anímica, la cual, irradiando de su persona, podía dañar a otros hombres que contaran con una energía inferior a la media, induciendo en ellos diversos tipos enfermedades, generalmente crónicas y capaces de conducir a la muerte. El caso más común es el "mal de ojo" (conocido en una vasta gama de culturas), considerado como un influjo negativo que se transmite a través de la mirada, aun cuando el portador de esta energía negativa no se proponga lastimar a otros. Por ejemplo, los súbditos de Moctezuma bajaban la mirada ante él, y menos que nunca osaban mirarlo a los ojos, no tanto por una actitud de respeto, sino porque se creía que todo soberano estaba dotado de una energía muy fuerte, necesaria para gobernar a su pueblo, la cual podía lastimar severamente a quienes fueran embestidos por ella, e incluso producir su muerte.

La segunda clase incluía a aquellos que, dotados de esta energía excepcional, podían dirigirla intencionalmente contra otros seres vivos y dañarlos de maneras y en formas que dependían, entre otras cosas, de la capacidad de resistencia de los mismos (y de sistemas de protección de carácter mágico, como el uso de amuletos, con los que eventualmente contaran). Estas personas también podían ejercer dichas influencias a nombre de otras personas que recurrieran a sus artes mágicas. Evidentemente, se trata de una creencia muy común también en otras culturas: en el caso de los nahuas, se puede observar que ellos reconducían la posibilidad de ejercer estos influjos, y la de oponerse a ellos, a una visión mucho más general del orden energético cósmico.

La tercera clase, en cambio, incluía individuos perniciosos bastante parecidos a los que generalmente son llamados gafes, es decir, personas dañinas *lato sensu*. Eran llamados "hombres-búho", y tenían que nacer en ciertos días del calendario divino, pero también aprendían los artificios para hacer daño (por lo tanto, eran malintencionados). Algunos de ellos eran considerados capaces de "comer el corazón" de sus víctimas (es decir, de destruir su *teyolía*, el principio anímico arriba mencionado); otros hacían "girar el corazón" de las personas, es decir, alteraban su orden mental; finalmente, otros eran "comedores de pantorrillas": denominación inexistente en otras culturas, pero probablemente explicable por el hecho de que, no existiendo en el México prehispánico ni las bestias de carga, ni el uso vehicular de la rueda, los largos desplazamientos a pie, transportando cargas sobre los hombros, eran indispensables y de gran importancia; por tanto, el calambre en las pantorrillas era un grave inconveniente y, presentándose con las características de una especie de mordida repentina, dolorosa e incapacitante, podía ser atribuido a la acción maléfica de alguna fuerza oculta.

Afecciones debidas a la pérdida del alma

La mayoría de las enfermedades descritas hasta ahora pertenecen, *lato sensu*, al grupo de patologías que eran interpretadas como una penetración o invasión del organismo por parte de agentes externos, pero en la parte final de la sección anterior mencionamos enfermedades interpretadas como consecuencia de la pérdida o alteración de una de las entidades anímicas que describimos. Por ejemplo, cuando se enfermaba un niño, una parte importante del diagnóstico y del pronóstico consistía en tratar de averiguar si, por casualidad, el *tonalli* ya no estaba presente en su cuerpo (se miraba el rostro del niño reflejado en el agua de un gran recipiente, y si la imagen resultaba confusa o manchada, se diagnosticaba la pérdida del *tonalli* y la enfermedad era considerada muy grave). De manera análoga se interpretaba la patología infantil conocida como "espanto", derivada del impacto de una impresión violenta y repentina. Las terapias consistían en prácticas consideradas capaces de provocar el regreso del *tonalli* al cuerpo.

Como sabemos, mientras que el *tonalli* puede salir temporalmente del cuerpo y luego regresar, el *teyolía* no podía abandonar el individuo sin causar su muerte. Por tanto, las enfermedades atribuidas a la acción de individuos maléficos como los comedores de corazón y quienes "oprimen el corazón" eran casi siempre fatales (se trataba esencialmente de patologías cardíacas graves).

La tercera entidad anímica (el *ihíyotl*), según sabemos, no podía ser lastimada fuera del cuerpo, pero podía, al ser alterada dentro de un cuerpo, ejercer efectos malignos en su exterior.

Determinación astrológica de enfermedades

Ya explicamos el arte adivinatorio desarrollado por los nahuas como consecuencia de su concepción estrictamente holístico-determinista del orden cósmico, y de la ciencia del calendario que supieron recabar de sus avanzados conocimientos astronómicos. Es natural esperar que de ellos también pudieran obtener interpretaciones sobre la inclinación hacia ciertas enfermedades. El factor principal, en este sentido, era individuado en la influencia ejercida sobre el futuro del individuo por el día de su nacimiento y su purificación lustral. Así, los nacidos en el día dos-conejo estaban destinados a ser borrachos, e incluso a morir a consecuencia del alcohol; los nacidos en el día uno-lluvia estaban destinados a ser misántropos, introvertidos, pervertidos y hechiceros; los nacidos bajo el signo seis-perro siempre iban a ser enfermizos; los nacidos en el día dos-ciervo habían de ser miedosos e impresionables.

Del ordenamiento del cosmos también derivaban las acciones benéficas o maléficas de los astros, que se manifestaban en días específicos y de las que se creía que habían sido transmitidas por sus respectivos rayos como emanación de sus almas. Podían ser muy peligrosas y afectaban a diferentes tipos de personas según el día. Por ejemplo, la luz del alba atacaba, según los días, a los viejos, los niños, los jóvenes, los gobernantes, la vegetación. Por su parte, los cometas, que de alguna forma rompían el orden celestial, traían grandes calamidades que no se podían recomponer con el fluir del calendario.

Al ciclo del calendario también se le atribuía una influencia considerable en el curso de la enfermedad, a tal punto que, por ejemplo, cualquier enfermedad que comenzara en los últimos cinco días del año (correspondientes a los últimos cuatro de enero y al primero de febrero de nuestro calendario) era considerada incurable, por lo que no se le daba ningún tratamiento al paciente, dejando a la compasión de los dioses la rara posibilidad de salvación. Lo mismo sucedía con aquellos que caían enfermos en el día uno-mono.

CAPÍTULO V

La práctica médica de los nahuas

Dada la relativa escasez de fuentes escritas, deformadas y difíciles de estudiar, es complejo construir un discurso preciso acerca de las formas más antiguas de la medicina prehispánica del altiplano central anteriores al apogeo de los mexicas. Por consiguiente, lo que iremos diciendo es válido para el periodo correspondiente a la época inmediata anterior a la llegada de los españoles, es decir, al primer cuarto del siglo XVI. Como se mencionó en el capítulo sobre las fuentes, la mayoría de los documentos que nos han llegado son posteriores. Sin embargo, al proceder de las manos de indígenas educados en las instituciones donde se transmitía la cultura de sus antepasados, contienen datos que (cuidadosamente depurados de posibles añadiduras de origen europeo), pueden dar fe de conocimientos y prácticas mucho más antiguas, aunque difíciles de fechar.

Los relatos de la época, tanto los que salieron de la pluma de los españoles como los que fueron escritos por los indígenas, coinciden en afirmar que, en el momento de la llegada de los europeos, los indígenas de estas tierras disfrutaban de un excelente estado de salud. Juan Bautista Pomar, descendiente de los reyes de Texcoco, llegó a afirmar –a finales del siglo XVI– que, más allá de los niños y los ancianos, nadie moría a causa de enfermedades. Esta afirmación es interesante desde dos puntos de vista. En primer lugar, revela un juicio clasificatorio que, a nuestros ojos, puede parecer curioso: las enfermedades, incluso las mortales, eran consideradas como eventos normales en ciertos periodos de la existencia, como en la infancia y en la vejez, y eventos anormales durante la juventud y la edad madura. En segundo lugar, en esta declaración se encuentra el testimonio de una situación concreta, es decir, la ausencia, cuando menos, de graves calamidades epidémicas, las cuales en cambio devastaron a la población indígena después de la llegada de los españoles, diezmándola y cosechando víctimas principalmente entre jóvenes y adultos. Ya tuvimos ocasión de mencionar la viruela como una de estas enfermedades epidémicas desconocidas en América antes de ser introducidas por los europeos. Este testimonio también concuerda con lo que los funcionarios españoles refirieron a las autoridades de la madre patria cuando, a partir de 1577, éstas solicitaron informes detallados sobre el estado de las tierras conquistadas que también incluyeran referencias comparativas a las condiciones anteriores.

Los médicos y médicas nahuas

El nivel particularmente bueno de la salud pública no era casual. En parte se debía a las elevadas condiciones higiénicas y al buen nivel nutricional de esas poblaciones, pero también dependía de la presencia de una clase médica especialmente preparada, hábil y competente. En qué consistían esta preparación y esta habilidad es un aspecto que debe explicarse y entenderse teniendo en cuenta lo que se mencionó en el capítulo anterior.

En particular, la dualidad sobrenatural-natural, que hemos encontrado en la concepción náhuatl de la enfermedad, se refleja de manera puntual en la existencia de dos grupos básicos de médicos, los que podemos llamar "sacerdotales" y los "profesionales". Aunque también la gente del pueblo, los macehuales, tenían cierto grado de conocimientos médicos útiles para aliviar las dolencias que les aquejaban, sin necesidad de acudir al médico.

Los médicos sacerdotes recibían una formación esencialmente teológica en los *calmécac* (instituciones de enseñanza religiosa), pero ésta también incluía un conocimiento de las enfermedades causadas por las divinidades, y los discípulos aprendían las fórmulas secretas adecuadas para hacer frente a estas enfermedades. Dado su carácter secreto, estas fórmulas no han llegado hasta nosotros, y cabe destacar que no eran conocidas por los médicos profesionales (llamados *titicitil*), quienes en realidad eran los "especialistas" de la medicina mexicana.

En cambio, colaboraban muy estrechamente con los *titicitil* los pertenecientes a un segundo grupo sacerdotal, el de los *tonalpouhqui*, encargados de formular los horóscopos directamente relacionados con la salud. A pesar de no haber recibido, probablemente, una formación médica de manera estricta, estos astrólogos colaboraban con los médicos profesionales, en especial en la fase de la elaboración de los diagnósticos. De hecho, trabajaban sobre la base de cartas astrales concebidas según un esquema muy diferente al que era adoptado por los astrólogos europeos, distinguiendo en el cuerpo humano dos distintas zonas de influencia: de la cintura hacia arriba se individuaban los influjos provenientes de los cielos, es decir, de los astros y sus principios cósmicos (relacionados con los diferentes órganos), en función de su posición en el cielo al momento del nacimiento; de la cintura hacia abajo se individuaban los influjos ejercidos sobre los diferentes órganos por las divinidades del inframundo. Puesto que la fecha y la hora del nacimiento predeterminaban las probables patologías que el individuo padecería, resulta evidente que un elemento de este tipo debía tomarse en cuenta al realizar cualquier diagnóstico.[1]

El segundo grupo, el de los *titicitl*, a quienes hemos llamado los doctores "profesionales", estaba formado por verdaderos practicantes de la medicina, con una orientación más concreta, dotados de gran experiencia y con un conocimiento que era el resultado de observaciones minuciosas y escrupulosas. Al llamarlos "profesionales", no pretendemos sugerir la idea de que fueran sujetos dotados de talento, pero carentes de conocimientos teóricos, sino más bien aplicar a su condición el significado "alto" del concepto de profesión, según el cual es un arte en el sentido de la *téchne* griega, es decir, un tipo de acción efectiva basada en conocimientos adecuados, incluso a nivel teórico.

---

[1]   *Cf.* Miguel León-Portilla, *Toltecáyotl: Aspectos de la cultura náhuatl*, México, Fondo de Cultura Económica, México, 1991.

Por tanto, el trabajo de los *titicitl* era permeado con frecuencia de consideraciones espirituales y sobrenaturales, pero, más allá de este marco teórico, se caracterizaba sobre todo por basarse en una competencia casuística bien consolidada y un profundo conocimiento de los tratamientos, en especial de tipo herbolario.[2]

Resulta entonces evidente que estos médicos no deben confundirse con los "curanderos" o los practicones, también presentes en la cultura náhuatl, pero no reconocidos como médicos reales. El personaje que encarnaba a los médicos era una figura compleja llamada *ticitl*, con características reconducibles a las del brujo o del hechicero, quienes podían practicar la magia "blanca" o "negra". Los sabios nahuas establecieron diferencias claras entre los médicos (los que hoy llamaríamos "científicos") y estas figuras que encontraban crédito en la medicina popular, como deja claro este texto:

1. El verdadero médico: un sabio (*tlamatini*), da vida.
2. Conoce las cosas por experiencia: las hierbas,
   las piedras, los árboles, las raíces.
3. Ha comprobado sus remedios, examina,
   experimenta, cura las enfermedades.
4. Da masajes, compone los huesos.
5. Purga a las personas, las hace sentir bien, les
   da brebajes, extrae sangre, corta, cose, provoca
   reacciones, cubre con cenizas (las heridas).
6. El falso médico: se burla de la gente, los engaña, mata
   a las personas con sus medicamentos, causa indigestión,
   empeora las enfermedades y las personas.
7. Posee sus secretos, los guarda, es un hechicero
   (*nahualli*), posee semillas y conoce hierbas malignas,
   es un brujo, hace adivinaciones con cordeles.

---

[2] Obviamente, estos dos grupos básicos de médicos no eran una peculiaridad de la medicina mexicana. Es suficiente recordar, respecto a la medicina griega, las diferentes escuelas prehipocráticas, de inspiración "teórica" (como la de Cnido), o "empírica" (como la de Cos). Una bipartición similar se volvió a producir en varias ocasiones a lo largo de la historia de la medicina occidental.

8. Mata con sus remedios, provoca empeoramientos,
   propina semillas y hierbas.[3]

En este testimonio se muestra la apreciación exacta que las personas cultas tenían de las cualidades y las habilidades adjetivas y experimentadas del médico que hemos llamado "profesional" en el sentido estricto de la palabra, es decir, en ese sentido de la palabra "arte" o "profesión" usado hasta la fecha para hablar del "arte médico". Cabe en todo caso reiterar que la práctica médica de los nahuas era muy compleja y no se reducía a la administración de esas "curas eficaces", de naturaleza física, a las que como estudiosos modernos estaríamos tentados a limitar nuestra atención.

De hecho, el médico práctico también comenzaba su diagnóstico basándose en un razonamiento de tipo religioso, y sucesivamente procedía a considerar la posibilidad de una agresión por parte de un hechicero (de acuerdo con las diferentes tipologías sobre las causas de las enfermedades mencionadas en el capítulo anterior). Si estas circunstancias parecían descartables, o si suscitaban dudas, el médico no se limitaba a considerar los síntomas de la enfermedad, sino que aplicaba él mismo el arte de la adivinación, de diferentes maneras. Entre las más comunes estaba la de tirar puñados de granos de maíz a la superficie del agua contenida en un recipiente. Dependiendo de si los granos se hundían o no, o bien, de las formas que dibujaban en la superficie o en el fondo del recipiente, él orientaba el diagnóstico y empezaba a aplicar los conocimientos de tipo empírico con los que contaba, y que formaban parte de lo que ahora llamaríamos su especialización.

A este propósito, es interesante observar que las artes médicas habían dado lugar, en la cultura náhuatl, a especializaciones de alto nivel profesional, hasta el punto que se constituyeron verdaderas corporaciones de médicos que las practicaban. No todas ellas tenían el mismo nivel de prestigio: en las de nivel inferior estaban los médicos que practicaban sangrías y flebotomías (*tezoctezoani*), los que componían los huesos (*teomiquetzani*),

---

[3] Texto extraído de los relatos de los informantes de Bernardino de Sahagún, en: *Códice Matritense de la Real Academia de la Historia*, vol. VIII, página 119 r; AP I, 13 (citado en Miguel León-Portilla, *La filosofía náhuatl*, pp. 84-85).

los otólogos (*tenacazpati*), los oftalmólogos (*teixpati*), los dentistas (*tlacopi-nalizti*) y los barberos (*teximani*). Las dos categorías más altas eran las que podemos llamar de los internistas (los *tlama-tepati-titici*) y los cirujanos (los *texoxotla-titici*), y ligeramente inferior a ellas era la de las parteras. Por otra parte, las mujeres no se limitaban a este tipo de especialización, pudiendo ejercer en casi todas las ramas de la medicina oficial (en algunos poblados, por ejemplo, se dedicaban a operaciones quirúrgicas importantes, especial-mente de cirugía ocular): únicamente eran excluidas, por razones de tipo re-ligioso y del tratamiento de las fracturas óseas.

Es importante señalar que el ejercicio de la medicina en el Anáhuac, no era exclusivo del varón, ya que las mujeres también la ejercían y muy pro-bablemente su formación seguía directrices similares a la masculina, aun-que se ocupaban de manera particular de las patologías que como mujeres padecían directamente, esto es sufrían y, por tanto, ¿quién mejor para pro-curar alivio a otras mujeres? Es decir, las mujeres eran curadas por otras. Los campos de acción de las mujeres eran, principalmente, la traumatología, of-talmología y cirugía, si bien de manera sobreentendida no con la visión ac-tual hacia dichos ámbitos. En forma general, el ejercicio de la medicina por parte de las mujeres, se dice que se conseguía plenamente "hasta pasada la menopausia, una vez traspuesto el ciclo sexual activo y, con ello la impu-reza derivada de partos y menstruaciones".[4]

Las médicas desarrollaban y proporcionaban sus cuidados en forma más amplia y única (con respecto al varón médico) en el ámbito de la obstetricia en el que, lógicamente por su carácter de mujeres primero y madres después, les ha-cía poseer un cúmulo de experiencia exclusiva que aplicaban ciertamente con conocimiento de causa, pero esto lo abordaremos más adelante.

Asimismo analizaremos con detenimiento la cirugía y la obstetricia, pero por ahora nos limitaremos a esbozar las habilidades y las prácticas de los internistas, las cuales obviamente no se prestan a una descripción igualmen-te detallada. Ellos curaban por medio de medicamentos administrados por vía oral, mediante la aplicación de fármacos en la piel o a través de tratamientos

---

4   G. Aguirre Beltrán, *Medicina y magia*, México, Instituto Nacional Indigenista, núm.1.,1973, p. 39.

físicos como los baños, el calor y la humedad. Entre los medicamentos más comunes utilizados para curar las heridas infectadas se encuentran ciertas cataplasmas hechas con tortillas de maíz en cuya superficie se había obtenido el desarrollo de hongos microscópicos (el agente medicamentoso era precisamente el hongo). Al mantener la tortilla húmeda dentro de un trapo, esta presenta, después de algún tiempo, manchas de moho, propiciadas por la humedad y la falta de ventilación. Con este moho, los médicos indígenas elaboraban la cataplasma que ponían en contacto con las infecciones superficiales que hoy llamamos "piógenos banales" y obtenían la curación. No es difícil reconocer que estos médicos habían descubierto y aplicado un antibiótico en esencia parecido a la penicilina, cinco siglos antes de que (de forma casual, como se sabe) este "moho" con poderes terapéuticos excepcionales fuera descubierto por Fleming, Florey y Waksman. Una sección posterior de este capítulo estará dedicada a la medicina herbolaria y, dado que la capacidad de los internistas se basaba, sobre todo, en el uso racional de una gran cantidad de hierbas medicinales, tendremos una oportunidad indirecta para aludir a esta competencia especial.

La cirugía

Al llegar a México, los españoles se encontraron (como afirman varios historiadores) con el hecho sorprendente de que los mexicas, aun siendo más atrasados que los europeos en varios campos, los superaban en dos sectores de gran importancia científica: la astronomía y la medicina. En realidad, los mismos españoles (incluido el propio Cortés) tenían tanta fe en los médicos indígenas que muy a menudo recurrían a los cirujanos locales para el tratamiento de sus heridas, en casos que habían sido considerados resistentes o incurables por sus propios médicos. En este aspecto es posible apreciar en particular los estándares elevados de ética profesional que inspiraban la medicina mexicana, debido a su enfoque religioso: de hecho, estos cirujanos salvaron de la muerte inminente a varios soldados españoles que eran sus enemigos, y que habían sido heridos combatiendo contra ellos.

De acuerdo con los testimonios de primera mano recogidos, una vez más, por fray Bernardino de Sahagún, las habilidades de los cirujanos nahuas destacaban especialmente en el tratamiento de las heridas, en la desinfección de áreas sangrientas (practicada con orina), en el tratamiento de úlceras, luxaciones, fracturas, en la eliminación de tejidos necrosados y de tumores. La reconocida superioridad de estos médicos, en comparación con los que pertenecían a otras corporaciones, se debía a que habían realizado estudios más exhaustivos, los cuales incluían la lectura de códigos antiguos considerados sagrados, al igual que de las lecciones que les habían sido impartidas por cirujanos eminentes y de un largo aprendizaje práctico.

Carlos de la Cuesta, en un somero estudio de la cirugía mexicana, la considera muy superior a los conocimientos europeos de esa época. De hecho, el nivel de la cirugía europea se mantuvo atrasado hasta el siglo pasado, cuando esta disciplina fue casi completamente replanteada gracias a tres factores esenciales: la anestesia, que vuelve al paciente insensible al dolor; la asepsia, que evita la infección de la herida quirúrgica; la transfusión, que permite reponer una eventual pérdida de sangre. Los aztecas, en cambio, impulsados por la imperiosa necesidad de curar a los heridos de sus frecuentes guerras, dieron un gran impulso al arte quirúrgico, aprovechando el conocimiento de una abundante flora medicinal desconocida en el viejo continente, y logrando así resolver, cuando menos parcialmente, algunos de los problemas arriba mencionados.[5]

Mucho se ha discutido sobre la supuesta limitación de la instrumentación quirúrgica de los médicos prehispánicos, debido al hecho de que no conocían el acero. Sin embargo, no parece que haya sido una limitación muy importante, ya que los cuchillos de obsidiana podían afilarse muy bien y, además, los cirujanos demostraron un gran ingenio para construir instrumentos a partir de diversos materiales, como espinas de agave, huesos y cabello para suturar. Experiencias recientes en Perú han demostrado que es posible practicar diversas intervenciones quirúrgicas utilizando únicamente instrumentación

---

[5] Hemos visto en parte, y tendremos la oportunidad de verlo mejor más adelante, que el uso competente de varias hierbas medicinales permitía a los cirujanos nahuas combatir de manera eficaz las infecciones y las hemorragias, así como realizar anestesias.

incaica.[6] Con sus bisturís de obsidiana, los cirujanos nahuas abrían abscesos para evacuar el pus, curaban ulceraciones, quemaduras, fístulas, y suturaban las heridas usando los cabellos como hilo.

Por otra parte, en excavaciones realizadas por el arqueólogo Alfonso Caso, en el área de Monte Albán, se encontraron cráneos trepanados con una maestría tal que deja entrever un progreso técnico sorprendente, como también se desprende de una serie de incrustaciones dentales, practicadas para curar las caries o simplemente por razones estéticas (dichas incrustaciones se hacían con oro, jade y turquesa).[7]

Algunos historiadores, como Fernando Ocaranza, atribuyen a los indígenas precortesianos de México grandes conocimientos en el campo ortopédico, afirmando que llegaron a insertar varillas de pino para consolidar las fracturas desplazadas de las extremidades. Esta tesis de Fernando Ocaranza se basa en testimonios recolectados por fray Bernardino de Sahagún, según los cuales, en ciertos casos de fracturas complicadas, los médicos mexicas abrían quirúrgicamente el miembro afectado e insertaban el equivalente de un clavo intramedular. En este testimonio, el "clavo" era una varita "de madera para antorcha que contenía mucha resina".

Si bien, por un lado, testimonios de este tipo documentan el alto grado de progreso técnico de la cirugía prehispánica, por otro también plantean un problema que permanece abierto. Dichas operaciones no pueden realizarse sin someter al paciente a anestesia total, por lo que se debe concluir que los indígenas eran capaces de anestesiar a sus pacientes unos cuantos siglos antes de que en Europa se descubriera el primer anestésico, es decir, el cloroformo. En todo caso, en los documentos no están claramente indicadas las sustancias anestésicas empleadas por los cirujanos nahuas. Según Gregorio López, los indios mexicanos procuraban al enfermo una anestesia con una duración de cuatro horas aproximadamente, administrando una poción que contenía el jugo de una hierba que él identificó como mandrágora,

---

[6]   *Cf.* H. Brown, *op. cit.*, p. 8.

[7]   *Cf.* A. Caso, *El pueblo del sol*, Fondo de Cultura Económica, México, 1992.

mientras que Ignacio Chávez sostenía que se trataba del *toloache* (una solanácea parecida al beleño negro y al peyote).[8]

Estudiosos particularmente serios y prudentes, como Carlos Viesca,[9] argumentan que se trata en este caso de razonables conjeturas, puesto que las fuentes disponibles no informan de manera explícita el tipo de anestesia utilizada por esos médicos, aunque es cierto que, dadas la operaciones realizadas, la forma de anestesia utilizada debió ser muy potente.[10] Por otro lado, hay constancia de que los cirujanos utilizaban diversos fármacos vegetales (aunque en menor medida con respecto a sus colegas internistas). Por ejemplo, usaban un extracto cocido de hoja de agave como fungicida y antibiótico; aplicaban como analgésicos el cactus (*Opuntia sp.*) y la artemisia (*artemisia mexicana*), y como antiinflamatorio el *tlatlancuaye* (*tresine celosia*).[11] Existen numerosas informaciones sobre el uso muy variado del caucho por parte de los médicos prehispánicos. La savia del caucho se empleaba en cirugía para realizar cataplasmas que eran colocadas sobre las heridas durante la curación, con el objetivo de que la cicatriz fuera lo menos pronunciada posible, es decir, con fines estéticos.

Merece un discurso aparte la práctica de la trepanación. Cráneos trepanados han sido hallados en diversas zonas de México, pero las mayores concentraciones se encuentran en tres localidades principales: Tlatilco, en la Ciudad de México; Monte Albán y Monte Negro, cerca de Oaxaca; las ruinas mayas ubicadas en los alrededores de Palenque. El estudio de los cráneos indica que las intervenciones fueron realizadas mientras el paciente aún estaba vivo. Algunos autores afirman que éste sobrevivió como mínimo varios días después de la operación, y otros incluso estiman la supervivencia de los pacientes sometidos a trepanación en varios meses indicando, como posibles causas de tal tratamiento quirúrgico, la hipertensión intracraneal, la presencia de heridas en la cabeza de las que se debiera extraer fragmentos óseos, y tal vez algunos tipos de tumores. Es posible distinguir técnicas de

---

8   *Cf.* Heriberto García Rivas, "Dádivas de México al mundo", en *Excélsior*, 1965, p. 217.

9   Se refiere al resultado de una conversación personal con Carlos Viesca.

10   Volveremos brevemente a este tema cuando discutamos con brevedad la narcosis.

11   *Cf.* Xavier Lozoya, *op. cit.*, p. 15.

trepanación claramente diferenciadas. En la mayoría de los cráneos encontrados, la trepanación se realizó mediante desbaste, pero en algunos casos se utilizó un punzón hueco, que permitía la extracción de un fragmento de hueso. En otros territorios de Mesoamérica también se han encontrado cráneos perforados utilizando el método del desbaste o raspado, fácilmente reconocible por los bordes despostillados del agujero. En cambio, la trepanación mediante un punzón parece haber sido una práctica exclusiva en México.

El problema real sigue siendo el de determinar qué objetivo pretendían alcanzar a través de la trepanación. Los restos encontrados indican que se trata de una práctica muy antigua, pero que ya había caído en desuso cuando llegaron los españoles, tanto que ninguno de los cronistas que se ocuparon de cuestiones médicas parece haber recibido información sobre la supervivencia de esta práctica en el momento de escribir sus relaciones.

Por otra parte, el examen de los cráneos no revela ningún rastro de patologías, por lo que podría dudarse que la trepanación tuviera objetivos terapéuticos, es más probable que tuviera un propósito mágico-religioso, por ejemplo, provocar la salida de un espíritu o entidad sobrenatural que se había apoderado del paciente.[12] En virtud de lo dicho, y no pudiendo rechazarse la teoría de que algunas culturas precolombinas de América intentaron una forma primitiva de neurocirugía, los datos a favor de ésta son muy pocos.[13]

En resumen, las posibilidades terapéuticas brindadas por la cirugía prehispánica eran muy limitadas, aunque superiores a las de la cirugía europea de ese tiempo. Por ello, no sería lógico esperar de ella resultados brillantes en el campo de las extirpaciones, pero sí una amplia gama de procedimientos de evacuación, así como soluciones excelentes en el campo de la traumatología y la cirugía reparadora. También hay una razón teórica para esto: como consta en el *Códice Vaticano*, el cirujano náhuatl (al igual que los de otros pueblos amerindios) sólo se proponía *reparar* los órganos, y le resultaba imposible

---

[12] Una conjetura similar a esta consiste en considerar que las trepanaciones pudieran usarse para tratar trastornos psíquicos, interpretados precisamente como posesiones por parte de espíritus dañinos, que debían ser eliminados del cráneo. No se olvide que en la misma Europa se creyó durante siglos que la locura se debía a la presencia en el cerebro de una determinada piedra, y que la cura consistía en la extracción de dicha piedra (práctica conocida como "escisión de la piedra de la locura").

[13] *Cf.* H. Brown, *op. cit.*, p. 27.

pensar en una cirugía de resección, ya que la mutilación de un órgano era considerada una acción contraria a la salud: dañar un órgano para curar una enfermedad era inconcebible, sólo se podía reparar.

De lo anterior se deduce que en el campo de las prácticas reparativas, los nahuas habían alcanzado niveles considerables. Ya mencionamos la colocación de clavos intramedulares para estabilizar fracturas complicadas. Ahora podemos hablar de delicadas operaciones de cirugía reconstructiva, cuya finalidades podrían parecer meramente estética, pero que en algunos casos entrañaban un valor mayor. Por ejemplo, los cirujanos indígenas eran capaces de reimplantar la nariz perdida o desfigurada por una herida reportada en combate: era una operación muy importante, puesto que el corte de la nariz era practicado, en algunas poblaciones, como un castigo por faltas especialmente graves, de forma tal que la víctima quedara estigmatizada para siempre.

Las prácticas de cirugía oftalmológica también eran muy comunes. La extirpación de las verrugas, llamadas por Bernardino de Sahagún "ramificaciones de los ojos", también es mencionada en el *Códice Badiano*. Según la descripción, el procedimiento para obtenerla consistía en cortar la membrana inflamada, levantarla por medio de una espina y desprenderla poco a poco en toda su extensión.

Sucesivamente se aplicaba leche de mujer o el jugo de ciertas plantas consideradas indicadas para una buena cicatrización y dotadas de propiedades antiinflamatorias (entre ellas, el *chichicaquíltli* y *el iztaquíltic* eran considerados particularmente efectivos).[14]

También se practicaba el tratamiento de leucomas, erróneamente llamados glaucomas en el *Códice Badiano*, así como una enfermedad llamada "catarata" por Bernardino de Sahagún, y que parece identificarse con una forma de queratoconjuntivitis: la terapia consistía en un raspado de la lesión, acompañado del uso tópico de productos antiinflamatorios.

Afirmamos anteriormente que permanecen interrogantes acerca de los procedimientos exactos mediante los cuales los cirujanos nahuas lograban la anestesia total de sus pacientes. Sin embargo, no significa que haya una

---

14 *Cf.* C. Viesca, *op. cit.*, p. 164.

oscuridad total al respecto: contamos con suficiente documentación acerca de un sector relativamente cercano, es decir, el de la *narcosis*. Era un campo totalmente desconocido por la medicina europea de esa época, y bien conocido por los médicos profesionales indígenas, quienes realizaron una caracterización conceptual precisa que incluía, entre otras cosas, una clara distinción entre narcóticos y analgésicos. Estos últimos eran empleados para aliviar los sufrimientos de los enfermos y, en particular, también los de las personas sometidas a sacrificios humanos (como se ha mencionado). Los narcóticos, en cambio, eran usados en la medicina más o menos con los mismos objetivos que en la actualidad.

He aquí un listado de los principales narcóticos: *coaptli* (de *coatl*, que significa serpiente, y *patli*, que significa medicina), se trata de una raíz cuyo nombre botánico es *camelina tuberosa*; *itztauyatl* (de *itzcuintli*, que significa perro), cuyo nombre botánico es *senecium canicida*; *hoitzloxitl*, conocido botánicamente como *solanum nigra*; *tomatl*, cuyo nombre botánico es *phisalis angulada*; *tetlatia*, es decir, la corteza del *rhus radicans*; *totoncapatli*, conocido botánicamente como *plantago maior*; *toloatzin* o *toloache*; *picietli* o tabaco medicinal.

También se usaban otras hierbas de efecto análogo, como el *ayonelhuatl*, que servía para aliviar los dolores del parto.[15]

Entre los usos sorprendentes de estos narcóticos, hay algunos casos en que se administraba al enfermo una poción preparada con las semillas estupefacientes del *xoxoucapatli* (mejor conocido con el nombre botánico de *eupatorium*), también denominado como medicina amarga y llamado, en otros estudios, *quauxoxoqui*. Dicha poción producía en el paciente un estado de ebriedad, seguido de estupor, similar a la narcosis o a un estado hipnótico, durante el cual el enfermo decía la verdad acerca de sus males y especificaba su ubicación, permitiendo al médico el diagnóstico y la terapia adecuada.

Respecto de este tema, en la sección dedicada a la herboristería, conoceremos algunas plantas dotadas de este tipo de propiedad.

---

[15]   *Cf.* Heriberto García Rivas, *op. cit.*, p. 221.

La obstetricia

Saber que una mujer estaba embarazada, dentro del ámbito cultural y social del Anáhuac, representaba un acontecimiento extraordinario para la familia y para la colectividad, por lo que se organizaban una serie de ceremonias en las que, como veremos más adelante, abundaban los consejos por parte de los padres y los viejos abuelos, enalteciendo y exaltando la maravilla del suceso con un lenguaje sencillo y sobrio, y se solicitaba la participación de la médica/obstétrica en la atención del embarazo y parto. Ella estaba consciente de sus limitaciones en el ejercicio profesional e invocaba la ayuda de la deidad para obrar de manera acertada.

Recordemos que para los nahuas la misión principal de la mujer era procrear hijos, y aquella que muriera durante el parto, en especial si se trataba de una primeriza, se convertía en una de las *cihuateteo*, o mujeres deificadas. El trabajo de parto era considerado al mismo nivel que las acciones de los guerreros en la batalla, y la eventual muerte en el parto era equiparada a la muerte de los combatientes en la guerra florida o en la piedra del sacrificio humano. Valiente como un guerrero, la mujer podía salir del parto victoriosa, trayendo a la tierra una nueva vida, o bien, entrar en el reino de los dioses para acompañar al sol (como se ha visto) a su puesta. Por ello, desde una edad temprana, las niñas recibían una educación dirigida a prepararlas para desempeñar su papel de madres y esposas. La madre y las ancianas del *calpulli* (la institución educativa dirigida específicamente a las mujeres) se encargaban de transmitir todos los conocimientos necesarios para el mejor cumplimiento de sus diversas obligaciones. Se entiende entonces la presencia de toda una serie de prácticas familiares y sociales en torno al embarazo y al parto, con serias preocupaciones por la salud de la madre y del hijo. No nos demoraremos en enumerarlas: es suficiente observar que en esa época las principales causas de muerte de las mujeres estaban relacionadas con el parto, y que aproximadamente la mitad de los recién nacidos morían durante el primer año de vida. De ahí toda una serie de consejos y recomendaciones, que iban desde la práctica de oraciones y rituales hasta prescripciones dietéticas y psicológicas, así como precauciones de naturaleza mágica y climatológica, todas ellas para proteger a la madre, para propiciar el curso favorable del embarazo, y para el buen estado de salud física y mental del niño. Algunas de ellas eran: la recomendación de consumir alimentos calientes y blandos, o de no trabajar mucho, ni brincar, o correr. El calor excesivo se consideraba peligroso.

La tranquilidad anímica era un factor fundamental para el buen desarrollo del embarazo. Era necesario mantener a la mujer preñada en un ambiente de cordialidad, evitando las ocasiones de asustarse o ser asustada, había que evitar darle malas noticias. La mujer embarazada no debía llorar, ni estar triste, pues el niño enfermaría. Que no viera cosas rojas pues el niño nacería de lado. Ni masticar chicle pues al niño se le endurecería el paladar y se le pondrían gruesas las encías, no podría mamar y moriría.

Todo esto explica la gran consideración que se tenía para las parteras, quienes eran llamadas *ticitl*, *tepalehzuani* y *temexi-huiani* y, como dijimos, pertenecían a la clase de médicos profesionales. La elección de la partera era un problema seriamente debatido en el seno de la familia y una vez aceptada la encomienda, no abandonaba a la paciente y seguía muy de cerca la evolución del embarazo hasta que llegará a término dando indicaciones pertinentes y colaborando con la familia en la preparación de la mujer embarazada, en vísperas del parto. Esta preparación incluía medidas dietéticas, ejercicios físicos y psíquicos, medidas higiénicas. Muchas de estas prácticas eran de carácter general: de ahí que no merezcan, en este ámbito, una atención especial. Proporcionaremos en cambio algunos detalles sobre las visitas que la mujer embarazada y la puérpera debían realizar, bajo la guía de la partera, al *temazcal* (baño de vapor), ya que era una parte importante de la terapia previa al parto. El *temazcal*, o "casa caliente", era empleado en el tratamiento de diversas enfermedades y, en particular, para todos los estados fisiológicos y patológicos del embarazo y del puerperio.

También se utilizaba para tratar afecciones convulsivas de origen nervioso, así como ciertas parálisis, principalmente de origen luético.[16] Este baño

---

[16] Se sabe que, antes del descubrimiento de la penicilina, la sífilis se curaba, en el Occidente, con tratamientos prolongados y dolorosos a base de mercurio, y que Julius Wagner introdujo una importante mejora, en 1918, a través de la piretoterapia, la cual consistía en causar, por medio del calor, altas temperaturas en el cuerpo del paciente. Es impresionante constatar que los médicos nahuas trataban de forma análoga la

tenía para la mujer una acción tónica y eutócica perfectamente definida y conocida por los médicos mexicas. Cabe señalar que hoy día el *temazcal* sigue siendo bastante común en muchos pueblos mexicanos.

Está construido de ladrillos y tiene la forma de una pequeña cúpula rebajada con una pequeña entrada. Su interior se calienta con madera que no produce humo, y se vierte agua sobre el piso caliente, produciendo así un vapor abundante; a veces, se añaden al agua hierbas y otras sustancias medicamentosas, y con frecuencia, mientras se toma el baño de vapor, se golpea la carne con hojas de maíz, para activar la circulación.

Durante el embarazo, la mujer normalmente se sometía al *temazcal* dos veces: a los tres o cuatro meses de gestación y a los seis o siete meses.

La partera acompañaba a la madre al baño y supervisaba todo lo concerniente al mismo, porque si no seguían sus indicaciones, sus efectos, lejos de beneficiar a la madre o al niño, podrían ser perjudiciales.

Además, la partera, practicaba una serie de palpaciones e inspecciones corporales para evaluar el curso del embarazo.

Este baño de *temazcal* tenía una temperatura inferior a la normal, y no se golpeaba el cuerpo con hojas de maíz.

Un dato interesante es que los baños de *temazcal* se practicaban, con muy buenos resultados, en caso de retraso en el parto, acompañados por la ingestión de pociones de hierbas oxitócicas como el *tililxochitl* (*ephidendrum vanilla*) o la *cihuapatli* (*montonoa tomentosa*)[17] o bien de cola de *tlacuache*. Esta hierba parece tener efectos más leves con respecto a la acción sobre la musculatura del útero, por lo que se prefería al producto animal. Su uso requería precauciones, pues se conocían los riesgos derivados de una sobredosis (tetania uterina, con muerte del feto y probablemente también de la madre). Este conocimiento de las propiedades de hierbas que favorecieran la

---

parálisis luética muchos siglos antes: el baño de vapor del temazcal servía para producir temperaturas elevadas en el enfermo mientras que, dentro del baño cerrado, se colocaban en el piso piedras al rojo vivo sobre las cuales se vertía polvo de cinabrio (sulfuro de mercurio), cuyos vapores eran inhalados por el enfermo.

17   Caballero, Y. y F. Walls, "Productos naturales del zoapatle (*montonoa tomentosa Cerv.*)", en *Boletín del Instituto de Química*, México. Facultad de Química. UNAM. Vol.22, 1970, pp. 79-102.

contractilidad uterina, era empleado no sólo si el parto retardaba, sino también para dárselo una vez iniciado el trabajo de parto para acelerarlo.

Si el niño moría dentro de la madre, la misma partera, gracias a sus conocimientos y experiencia, practicaba la embriotomía con una navaja de piedra (obsidiana).

En general, a medida que el vientre de la mujer embarazada crecía, la partera practicaba frecuentes palpaciones para asegurarse de que el feto estuviera en la posición correcta; si éste se encontraba en mala posición, ella sabía cómo realizar diferentes maniobras para colocarlo correctamente. Indicando con esto una buena experiencia en saber reconocer las posiciones viciosas del bebé y la habilidad para "acomodarlo" de la forma más conveniente para el feliz desarrollo del parto.

Después del parto, la puérpera tomaba un baño acompañado de flagelación con hojas de maíz. Pero el trabajo de la partera no concluía con el parto propiamente dicho, ni siquiera con el alumbramiento, ya que debía extraer la placenta si ésta era retenida, suministrándole sustancias hechas a base de plantas aromáticas del tipo de la vainilla aplicadas por la vagina y extrayéndola manualmente en caso de que no lograra con el remedio antes referido.

Posteriormente, la partera debía atender al niño y colaborar en las ceremonias de purificación y de fijar su destino.

La partera procedía a lavar al niño y recurría al *Tonalpouhque* (adivino) para saber, según la fecha del nacimiento, qué destino le esperaba al recién nacido, posteriormente seguía la ceremonia de darle un nombre.

Las relaciones sexuales durante el embarazo eran permitidas en los primeros meses en la creencia de que el semen se asimilaba por el niño y le ayudaba a su desarrollo, pero se prohibían en los últimos meses de la gestación so pena de que este semen constituyera un aglutinante que "pegara" al niño en la matriz y le provocara problemas en el nacimiento o causara su muerte en el útero.

Para concluir, las maniobras abortivas se castigaban con la pena de muerte como acontecía con los médicos y alcanzaban hasta la madre misma.

La herboristería

En todas las culturas, la práctica de la medicina conlleva el uso de una far-macopea que, antes del desarrollo de la química moderna que ha permitido la obtención de medicamentos a través de la síntesis, únicamente podía ba-sarse en el uso de productos "naturales", más o menos tratados. Entre ellos siempre destacaron las hierbas y las plantas medicinales, mientras que el uso de los productos minerales y animales fue mucho más escaso e incierto. No en vano, incluso las más distinguidas escuelas de medicina europeas esta-ban normalmente equipadas con un "jardín botánico". La medicina del Méxi-co prehispánico no es la excepción: los documentos a nuestra disposición nos permiten afirmar que los nahuas también utilizaban medicamentos de tipo mineral o de origen animal, pero su uso resulta muy vago, su identificación es incierta y, sobre todo, las propiedades terapéuticas les eran atribuidas sobre la base de razonamientos casi exclusivamente mítico-simbólicos o mágicos (es decir, referidos a las divinidades que ciertos animales representaban, o a las virtudes atribuidas a ciertas piedras), sin una verdadera comprobación empírica. Para las hierbas y plantas, en cambio, la situación es diferente: si bien es cierto que –de acuerdo con el marco teórico que ya conocemos– sus propiedades terapéuticas eran *interpretadas* y *explicadas* en relación con los principios cósmicos, los influjos celestes y las relaciones simbólicas, no es menos cierto que la eficacia de su uso en ciertas enfermedades, así como el alcance de sus efectos, eran perfectamente conocidos y aprovechados con base en minuciosas observaciones y comprobaciones clínicas. No se olvide que la medicina moderna también ha empleado durante varios periodos de tiempo (y en parte sigue empleando) diversos remedios cuya eficacia es co-nocida empíricamente, pero de los cuales no se conoce bien el mecanismo de acción ni la razón de su efecto benéfico.

Procederemos entonces a una breve presentación de la herboristería náhuatl, la cual en todo caso no consistirá en un inventario de las plantas me-dicinales conocidas y utilizadas por aquella medicina. Y es que un elenco de este tipo no tendría sentido puesto que, en primer lugar, no podríamos dar más que una pequeña muestra de un catálogo muy extenso; en segundo lugar, cabe mencionar que ya existen publicaciones que satisfacen esta necesidad (proporcionando listas de plantas, sus descripciones, la indicación de los principios activos contenidos en ellas de acuerdo con nuestros conocimientos modernos e indicaciones de sus posibles usos terapéuticos);[18] finalmente, porque lo históricamente interesante es la forma en que esta herboristería se insertaba en el contexto de la teoría y la práctica médica de su época, así como la comprensión de la forma en que ella fue recibida fuera de su cultura, es decir, en el Occidente.

Obviamente, hablaremos de algunas hierbas y de sus propiedades y usos, pero precisamente esto se hará de acuerdo con la perspectiva indicada y principalmente a modo de ejemplo.

En las *Cartas de Relación* (las que hoy llamaríamos "informes oficiales") que Hernán Cortés enviaba al emperador Carlos V, se expresa la admiración del conquistador frente a las numerosas tiendas herbolarias que en la gran ciudad de Tenochtitlán ocupaban una calle entera, así como su asombro ante la variedad de confecciones y principios medicinales que en ellas había encontrado. Las autoridades españolas no tardaron en ver, en estas informaciones, la posibilidad de obtener beneficios económicos a través de la comercialización en el Viejo Mundo de algunas especies cuya demanda era elevada, como la vainilla y el tabaco (recuérdese que al comercio de "especias" orientales se debía la fortuna económica de las repúblicas marítimas italianas, en un primer momento, así como españolas y portuguesas a partir de finales del siglo xv). Se promovieron entonces algunos intentos de cultivar dichas especies vegetales con fines comerciales: Francisco de Mendoza, hijo del virrey de Mendoza, había emprendido en Cuernavaca un cultivo de este tipo. Entre quienes estuvieron probablemente en contacto con Mendoza en la comercialización de hierbas americanas, también figura el médico sevillano Nicolás Monardes, quien realizó una serie de observaciones sobre los efectos terapéuticos de algunas hierbas del Nuevo Mundo y publicó sus resultados en una serie de fascículos destinados a divulgar la nueva farmacopea.[19] Sin

---

[18] Únicamente mencionaremos dos obras de este tipo: el volumen citado de Heriberto García Rivas y el volumen de Luis Cabrera, *Plantas curativas de México*, México, Gómez Gómez Hermanos Editores, 1994.

[19] *Cf.* H. Brown, *op. cit.*, pp. 2-3.

embargo, Monardes nunca visitó Nueva España y únicamente conocía unas pocas especies de plantas terapéuticas, por lo que el interés científico de Europa hacia las hierbas americanas tardó en despertarse.

La situación que venimos describiendo constituye el marco en el que se produce la redacción de la primera gran obra que describió la medicina prehispánica; vale la pena dar algunos detalles sobre su historia, lo que nos permitirá ver un ejemplo concreto, desde el punto de vista de la medicina, del discurso general que en su momento se hizo acerca de las fuentes. El trabajo al que nos referimos se titula *Libellus de medicinalibus Indorum herbis*, y es mejor conocido como el *Códice Badiano* o también *Códice Barberini*. Su autor era un indígena de Xochimilco, llamado Martín de la Cruz, quien compuso su obra (verdadero y amplísimo tratado sobre las hierbas medicinales utilizadas por los indígenas en el siglo XVI) en *lengua náhuatl*, mientras frecuentaba el seminario del Colegio Imperial de la Santa Cruz de Tlatelolco, dirigido por los franciscanos. Otro alumno de este colegio, llamado Juan Badiano, la tradujo al latín, y por eso el códice lleva (aunque injustamente) su nombre. La obra permaneció en Italia sin ser publicada durante algunos siglos, enterrada en la Biblioteca Vaticana, donde fue catalogada con el nombre de *Códice Barberini*, por haber pertenecido al cardenal que llevaba este nombre. Sólo en 1937 este códice fue descubierto por el académico estadounidense Charles U. Clark y, en 1945, se realizó una edición fotostática de la misma editada por la Universidad John Hopkins de Baltimore.

Además de la reproducción de los espléndidos colores originales de los dibujos que ilustran el volumen, la obra contiene la traducción al inglés del texto en latín de Badiano, dirigida por Emily Walcott Emmart.

Varios años más tarde, Francisco Guerra (profesor de farmacología en la Universidad Nacional de México y autor de obras de historia de la medicina mexicana) realizó una edición española de este códice,[20] no sólo traduciéndola al español a partir de la versión en inglés, sino cuidando personalmente la edición tipográfica e identificando las plantas medicinales que la traductora

---

[20]   *Libellus de medicinalibus Indorum herbis (Códice de la Cruz-Badiano)*, México, Instituto Mexicano del Seguro Social, 1964.

inglesa no había podido identificar: esto hace que la edición española sea más completa y fiel que la inglesa.[21]

Esta fuente representa el mayor patrimonio de información existente sobre las hierbas medicinales mexicanas, y se puede entonces afirmar que, así como el *Códice Ebert* (descubierto en Egipto) es el más antiguo libro de medicina conocido, el *Códice Badiano* es a su vez el libro de medicina más antiguo de América. Redactado 19 años después de que la imprenta hiciera su aparición en México, goza del especial mérito de contener información original, libre de influencias europeas, elaborada por un indígena que poseía competencias en el campo de la medicina herbolaria de su época. No existe evidencia de que un texto tan importante haya tenido una circulación significativa. Sin embargo, hay constancia de que, a partir de los años sesenta del siglo XVI, un repentino interés hacia los medicamentos del Nuevo Mundo surgió en la corte española.

El interés no tenía raíces científicas, sino comerciales: los rivales portugueses habían comprendido bien el valor de las plantas medicinales de sus colonias (e incluso habían publicado un libro llamado *Tratado dos simples medicinales das Indias*), y sus comerciantes estaban conquistando una posición dominante en el mercado europeo de las hierbas medicinales. Fue así que los tesoreros de Felipe II (y especialmente Juan de Ovando) se empeñaron en fomentar la investigación y el cultivo de diversas especies medicinales. En el marco de estas iniciativas se realizaron dos expediciones de investigación, ordenadas por Felipe II: una en América, a cargo de Francisco Hernández, protomédico del rey, y la otra en India, bajo la dirección de Cristóbal de Acosta.[22]

Precisamente la primera de estas expediciones dio como resultado la segunda obra fundamental para el conocimiento de la herboristería mexicana, por cierto con características no del todo positivas, como veremos.

Hernández cumplió concienzudamente su encargo, y produjo toda una serie de obras, las cuales incluyen las observaciones personales, la recopilación

---

[21] Para esta noticia, véase H. García Rivas, *op. cit.*, pp. 127 y sigs.

[22] *Cf.* H. Brown, *op. cit.*, p. 4.

de testimonios, así como el análisis y discusión relacionados. La más importante de ellas –para los fines que nos interesan– se titula *Rerum medicarum Novae Hispania Thesaurus seu plantarum, animalium, mineralium Mexicanorum*. En un principio, lo normal sería esperar que un trabajo minucioso, realizado por un médico profesional directamente en el campo, sea la documentación óptima para la reconstrucción de la medicina prehispánica. Sin embargo, no es así: Hernández cometió, en ese momento, precisamente esos errores de perspectiva "antihistórica", por así decirlo, cuyos riesgos analizamos en la "Introducción" a nuestro trabajo: el protomédico de Felipe II no pudo darse cuenta de que las hierbas por él estudiadas formaban parte de una medicina totalmente diferente a la que él conocía, una medicina en la que tanto los diagnósticos, como probablemente el paciente, eran diferentes. Así se expresa, por ejemplo, Hugo Brown:

> Hernández, en sus diversas obras, muestra claramente el choque cultural entre las dos medicinas; por un lado, reclasifica parte de las hierbas que estudia de acuerdo con elementos galénicos en el campo de la medicina y en lo referente a la historia natural. No está de acuerdo con muchos usos indígenas de las hierbas, y los critica por escrito. Todo el sistema filosófico de los médicos de la Nueva España, así como su particular interpretación de la salud, no parecen interesarle; de esta manera, reinterpreta grandes capítulos con total desprecio por los objetivos y las concepciones de la medicina náhuatl que él mismo estudiaba.[23]

---

[23] H. Brown, *op. cit.*, p. 5. Para mostrar que este juicio crítico no es exagerado, una cita directa de la obra de Hernández puede servir: "Entre los indios practican la medicina promiscuamente hombres y mujeres, los que llaman *titici*. Éstos ni estudian la naturaleza de las enfermedades y sus diferencias, ni conocida la razón de la enfermedad, de la causa o del accidente, acostumbran recetar medicamentos, ni siguen ningún método en las enfermedades que han de curar. Ni entienden el adaptar los varios géneros de remedios a los varios humores que haya que evacuar. Ni hacen mención alguna de la crisis ni de los días judicatorios. Con las mismas cosas curan las excrecencias carnosas de los ojos, el gálico, y a los privados de movimiento por la falta de humor en las articulaciones; a estos últimos no enteramente sin buen resultado, tal vez como efecto de la resequedad. Son meros empíricos y sólo usan para cualquiera enfermedad aquellas yerbas, minerales o partes de animales, que como pasados de mano en mano han recibido por algún derecho hereditario de sus mayores, y eso enseñan a los que les siguen. Y así, aun cuando abundan en maravillosas diferencias de yerbas salubérrimas, no saben usarlas propiamente, ni aprovecharse de su verdadera utilidad". (Citado en: X. Lozoya, *Plantas, medicina y poder*, p. 60.)

No es de extrañar que, aunque las acciones farmacológicas de las plantas estudiadas por Hernández fueran reales, relativamente pocas de ellas pudieron ser incorporadas de inmediato a la farmacopea europea (por ejemplo, la ipecacuana). Esto a pesar de que el propio Hernández se había dado cuenta de que la medicina indígena, aun siendo muy distante de la concepción europea, no tenía nada que envidiarle en términos de los resultados obtenidos: tan es así que, durante siete años de trabajo, catalogó alrededor de mil doscientas plantas con acción terapéutica (entre las más de tres mil que describió). El protomédico de Felipe II no tuvo mucha suerte, ya que la mayoría de sus manuscritos fueron destruidos en un incendio del Escorial en 1671, y las ediciones reducidas de sus obras, realizadas en Italia y en México, no fueron aprovechadas por sus contemporáneos. Apenas en los siglos xix y xx se comenzaron a estudiar científicamente las acciones de una farmacopea tan vasta, y tales estudios indican que los *titici* mexicas habían definido de manera impecable sus efectos en el cuerpo humano, aunque prescribieran sus productos en el marco de un ritual místico-mágico y no como parte de una consulta médica realizada según el estilo occidental.[24]

Podemos mencionar algunas de las hierbas de uso más frecuente: la raíz de la jalapa contra el estreñimiento (aunque se debe recordar que, para el médico náhuatl, la "purga" también es interpretada como purificación de humores); la valeriana como medicina antiespasmódico; la *matlalitztic* (*comelina palida*) como antihemorrágico; el *iztaconenepilli* como diurético; el *iztacpatli* (*psoralea pentaphyla*) como antifebril; el *azcapan ixhua* como somnífero; las raíces del *tlauehuetl* contra los furúnculos; las raíces del *tezonpahtli* contra la sarna, etcétera.[25]

Sin embargo, el uso de estos medicamentos no siempre seguía los métodos terapéuticos de la medicina tradicional europea, y esta es la razón por la cual Hernández y sus sucesores encontraron las dificultades ya mencionadas.

---

[24] *Cf.* X. Lozoya, *op. cit.*, pp. 59-60. La obra sobreviviente de Hernández no deja de ser impresionante, y está disponible en una edición moderna: Francisco Hernández, *Obras completas*, México, Universidad Nacional Autónoma de México, 1959.

[25] *Cf.* X. Lozoya, *Los señores de las plantas*, p. 44.

Una diferencia significativa en las formas de utilizar los medicamentos se refleja en ciertos testimonios que nos inducen a creer que los médicos sacerdotales habían ido más allá del simple uso de infusiones, tinturas, emplastes y otras aplicaciones *sencillas* de las diversas hierbas, dedicándose al estudio de interacciones medicamentosas más complejas, con efectos más eficaces que los preparados simples utilizados por los *titicitl*. Sin embargo, cabe destacar que toda la evidencia documental indica que los médicos sacerdotales utilizaban *secuencias* de medicamentos diferentes, mientras que la costumbre predominante en Europa era utilizarlos en *mezclas*.

En esta diferencia con apariencia marginal es posible hallar una divergencia entre las concepciones teóricas, respecto a que los médicos nahuas no consideraban "miscibles" los principios terapéuticos de las diversas sustancias, sino que buscaban su armonización y colaboración en el respeto de su individualidad ontológica, mientras que la medicina europea no seguía una lógica similar, de tipo sustancialmente filosófico.

Otro ejemplo significativo, en el que resulta evidente cómo los médicos nahuas aceptaban, en el uso de ciertas especies medicinales, un tipo de razonamiento que había sido bastante común en la medicina occidental de la Edad Media, pero que no era adoptado en la medicina europea del siglo XVI (esto ayuda a entender por qué los médicos españoles con formación universitaria desdeñaban muchas de las enseñanzas médicas de los indígenas americanos transmitidas por Martín de la Cruz, Bernardino de Sahagún, Hernández y otros autores). En la medicina tradicional mexicana existen casos en los que ciertos medicamentos son recomendados según el principio de que "lo similar se cura con lo similar" (nótese, por cierto, que en la actualidad este principio rige la medicina homeopática). Uno de estos casos es representado por el *yolloxhochitl*, cuyas hojas tienen forma de corazón. Por esta razón, los *ticitl* lo prescribían como medicamento para diversas afecciones cardíacas, y su utilidad había sido comprobada, entre otras cosas, contra los estados depresivos en pacientes ancianos. Estudios contemporáneos han demostrado que esta planta en realidad posee efectos cardiotónicos y diuréticos, lo cual explica su efecto curativo sobre la depresión de los ancianos. La diferencia entre nuestro conocimiento y el de los médicos mexicanos tradicionales radica en la explicación diferente de los efectos beneficiosos de esta planta medicinal, pero está claro que el *descubrimiento* de tales efectos fue posible, también para ellos, gracias a una observación clínica constante y aguda. Esta observación los convenció de que el medicamento en cuestión también podía ser usado para el tratamiento de otros cuadros clínicos, como el retraso mental y las dificultades para orinar, para los cuales, evidentemente, el criterio de similitud morfológica no era de ninguna utilidad.[26]

Es interesante notar que el *yolloxhochitl* también formaba parte del grupo selecto de medicamentos que usualmente consumían los gobernantes, quienes habían identificado ciertos productos que los ayudaban a ser más fuertes, pensar con mayor claridad y desempeñar con eficacia sus altos cargos. Para comprender esta circunstancia, es necesario entender que la tarea de gobernar, para un soberano mexica, era diferente a la de un rey europeo como la profesión del *ticitl* mexicano comparada con la del médico europeo de formación universitaria. Una parte muy importante de la función del *tlatoani* (emperador) consistía en comunicarse con las divinidades y los espíritus cósmicos, así como interpretar los signos (a veces oscuros y ambiguos) que éstos les enviaban.

Para ayudarlos en esta delicada tarea, se procuraba que los altos funcionarios estuvieran rodeados del ambiente más agradable posible (por ejemplo, adornados con flores de colores y perfumes agradables), y de este tratamiento también formaba parte la administración de algunos medicamentos tonificantes, entre los cuales estaba precisamente el *yolloxhochitl*. Sin embargo, el lugar más importante en esta farmacoterapia era ocupado por los alucinógenos.

Estas hierbas sagradas eran, básicamente: el *peyotl* (*lophophora Williamsii*), el *ololiuhqui* (*turbina corimbosa*) y el *teonanácatl* (*psilocibes sp.*). Según los estudiosos R.S Wasson y J.L. Díaz, más de la mitad de las plantas utilizadas para fines ceremoniales en el Nuevo Mundo provenían de México, y en un solo lugar, la Sierra Mazateca. En la actualidad se emplean por lo menos cinco familias de psicodislépticos. El mecanismo de acción de estas plantas era considerado sencillo: el que ingiere el alucinógeno (en general durante un ayuno, acompañado de abstinencia sexual y un ritual complejo) se convierte

---

[26] *Cf.* H. Brown, *op. cit.*, p. 15.

en un vehículo para la divinidad representada por la planta ingerida, y ésta habla a través del individuo humano. Por ello, los gobernantes consideraban que era preciso recurrir a estos productos.

Al tratarse de una rama de la herboristería casi desconocida en Occidente, vale la pena proporcionar algunos detalles. "De las plantas sagradas utilizadas en México –afirma el mencionado Brown– se puede hacer una clasificación basada en su acción: alucinógenos, inductores de trance, cognodislepticos, delirógenos y neurotóxicos".[27]

Entre los alucinógenos encontramos el *teonanácatl* y el *peyotl*.

De las plantas inductoras de trance, la más conocida es el *ololiuhqui*, el cual también tiene efectos alucinógenos. Los zapotecos también usaban una semilla llamada *badoh negro* (*ipomonea violacea*).

De igual forma se conocen los efectos del *sinicuichi* mexicano (*heimia salicifolia*), capaz de inducir alucinaciones auditivas. En general, estos tipos de plantas eran usadas con el fin de obtener información dotada de valor diagnóstico por parte de pacientes en estado de trance. Otras plantas como la *calea zacatechichi* y diferentes tipos de *salvia divinorum*, eran utilizadas para este propósito.

Entre los delirógenos se conocen el *tlápatl* (probablemente identificable con la *datura stramonium*), el *nexéhuac* y el conocido *tolotzin,* también llamado *toloache*. En la medicina tradicional mexicana, éste sigue siendo ampliamente conocido como un elemento casi mágico, usado para obtener la fidelidad del cónyuge o para atontarlo.

En el grupo de los neurotóxicos encontramos el que quizá sea el psicodisléptico más antiguo del Nuevo Mundo: el frijol de *mezcal* (*sophora secudiflora*), que provoca un efecto tóxico en el sistema nervioso central capaz de inducir parálisis, hiperexcitación y convulsiones.

Hay indicios de su uso ritual por parte de los indios norteamericanos y los habitantes de los desiertos de México desde hace aproximadamente diez mil años.[28]

---

[27] H. Brown, *op. cit.*, p. 16.

[28] *Cf.* X. Lozoya, *op. cit.*, p. 27.

Entre las plantas más importantes del Nuevo Mundo se encuentra, sin duda, el tabaco, maravillosa planta que los indígenas mexicanos fumaban, consumían en polvo o rapé, aspiraban por la nariz a través de largas pipas en forma de "Y", mascaban, bebían en infusiones o aplicaban en cataplasmas contra ciertos dolores, en caso de sufrimiento moral y para mitigar la sensación de fatiga, de una forma parecida a cómo hoy en día los indígenas del noroeste de México usan el *jículi* o el *peyote*.

También usaban el tabaco en pomadas y ungüentos, y lo masticaban para mitigar el hambre y propiciar el sueño. En un primer momento, su uso medicinal era muy difundido incluso entre los europeos. Monardes describió cerca de noventa usos terapéuticos del tabaco, y otros médicos pusieron todo su empeño en difundir su uso. Además, los conquistadores pudieron comprobar que la gente del Golfo de México lo usaba para reducir el dolor de la caries (hacían pequeños tapones con una hoja de tabaco caliente, que introducían en la cavidad); otros preparaban una infusión mixta de hojas de tabaco verde y jugo de naranja para curar los gases intestinales y los dolores abdominales causados por los mismos.

Los antiguos indígenas mexicanos bañaban las puntas de sus flechas, para envenenarlas, en el jugo de *manzanillo,* una planta venenosa que dio nombre al puerto del estado de Colima. También el estado de Tamaulipas debe su nombre a la hierba indígena, llamada *tama-lipa,* que abunda en esa región y era utilizada con fines curativos.

Otra planta medicinal que los indígenas utilizaban como purgante era el *chichicamole* o *amoliquelite;* era usada, entre otras cosas, para algunas burlas: sus raíces, reducidas a polvo, se mezclaban con el *pulque* y este se daba a beber a las víctimas de la broma.

El *achiote* (*Bixa orellana*) es conocido en el México moderno como un condimento apreciado, pero se utilizó –tanto por los antiguos indios como por la medicina moderna– para tratar la lepra, y hasta la fecha es parte del tratamiento de dicha enfermedad.

En cambio, los indígenas mexicanos sólo empleaban métodos mágicos para curar enfermedades que eran desconocidas, ya que habían sido traídas por los españoles (como la viruela, de la que hablamos), y no habían tenido la oportunidad de descubrir cuáles hierbas o medicamentos podían ser eficaces para curarlas.[29]

Los elementos ilustrativos proporcionados en este apartado son suficientes para dar una idea de la riqueza de los conocimientos de farmacopea vegetal que poseían los médicos prehispánicos y del marco teórico y práctico general en el que los utilizaban.

---

[29] Hasta la fecha, cuando un indígena se enferma de viruela, sus parientes atan los perros de la casa para que los espíritus que curarán al enfermo puedan llegar sin miedo.

CAPÍTULO VI

Raíces éticas y humanistas de la tecnología del Anáhuac

El concepto de tecnología

Los términos "técnica" y "tecnología" se utilizan como sinónimos en varias lenguas, y en algunas (por ejemplo, el inglés) se usa prácticamente sólo uno de ellos. Sin embargo, en el sector de los estudios especializados de filosofía de la tecnología se ha difundido la convención de indicar como "técnica" todo el conjunto de habilidades prácticas que permiten realizar de manera más eficaz ciertos objetivos, sobre todo materiales, y por consiguiente consiste en la realización de "artefactos" cuya invención y mejoría es fruto de la *experiencia*. Por tecnología se entiende un conjunto de operaciones eficaces cuya determinación se basa en conocimientos *teóricos* específicos que, históricamente hablando, consisten en el contenido de diversas *ciencias*. Por consiguiente, la tecnología, que por brevedad podemos caracterizar como *ciencia aplicada*, es un fenómeno típico de la civilización *moderna* y, en particular, occidental (que luego se ha difundido a todo el planeta). Expresión típica de la técnica es la *herramienta*, producto típico de la tecnología es la *máquina*.

Una vez asentada así la cuestión podemos plantear la pregunta si las culturas del Anáhuac, poseían o no una tecnología.[1]

---

[1] L. Velázquez, "Medicina e adivinazione: il calendario azteca",en *Anthropos & Iatria*, vol. II, núm. 1, pp. 38-43. L. Velázquez, "Radici etiche e umanistiche della tecnologia nel Messico pre-coloniale", en *Epistemologia: rivista italiana di Filosofia della Scienza*, vol. 35, núm. 2, julio-diciembre, 2012, pp. 318-327.

Hay autores modernos, de inspiración implícitamente positivista, que afirman que el México antiguo presentaba una cultura muy pobre y atrasada, es cierto que no se conocía la rueda o el uso de los animales de carga, ni había una escritura fonética, etcétera. Al reconocer lo que hay de verdadero en dichas afirmaciones, podemos admitir que la *técnica* de aquellos pueblos era relativamente rudimental (pero se trataría de investigar los diferentes sectores de la actividad humana para pronunciar este juicio generalizado); sin embargo, hay que notar que una *tecnología* avanzada no coincide con la producción de instrumentos materiales complicados, sino con la utilización de *conocimientos teóricos* complejos. Una prueba evidente de este hecho la hallamos en la situación actual de la propia civilización occidental: en ella las tecnologías más avanzadas son aquellas cuyos productos contienen mucha "inteligencia", muchos "conocimientos" que se traducen en *software* de computadoras o procesadores en los cuales el soporte material no es lo más esencial. Si adoptamos este punto de vista, no es difícil reconocer que los antiguos mexicanos contaban con una *ciencia aplicada,* y, por tanto, con una tecnología muy avanzada. Consideremos unos ejemplos.

La astronomía

No es una novedad que los antiguos mexicanos, y en particular los mayas, poseían conocimientos astronómicos amplios y exactos, que se reflejaban en su capacidad de medir el tiempo y en las expresiones de su arquitectura, es decir, en los *proyectos* (orientación, estructura, funcionalidad) de sus monumentos y templos. Todo eso implicaba, en primer lugar una *observación instrumental* de los fenómenos celestes, y, si es verdad que la astronomía *moderna* nace con la construcción y utilización sistemática del telescopio (Galileo), es decir, de un instrumento *óptico,* no es menos verdadero que los antiguos tenían también sus instrumentos y, entre ellos, destacan por su complejidad justamente los *observatorios* prehispánicos mexicanos, cuyo ejemplo más famoso (pero no único) es Chichen Itzá. El hecho de que los arqueólogos modernos no entiendan completamente cómo estas construcciones de piedra, con sus dimensiones, ángulos y orientaciones, permitiesen conseguir determinaciones exactas y previsiones del curso y las apariencias de los astros, lejos de inducirnos a considerarlas productos "rudimentarios" , nos obliga a reconocer que un notable espesor de "teoría" quedaba atrás de ellas (como cuando encontramos un instrumento desconocido pero eficaz: no pensamos que su eficacia es fruto del azar, sino intentamos entender las "razones" de dicha eficacia, que se hallan en su estructura y manera de funcionar). Además de la observación instrumental y de una elaborada construcción teórica, aquella astronomía se basaba evidentemente en una considerable capacidad de *cálculo matemático*, sin el cual ninguna previsión sería posible, sobre todo de fenómenos periódicos.

Aquí encontramos la dimensión *práctica* de esa astronomía, es decir, la dimensión que le permite ser la base de una o varias *tecnologías*. Empezaremos por un ejemplo aparentemente "material". En Xochicalco, Morelos, existe en una cueva artificial un observatorio en forma de chimenea cuya boca hexagonal ligeramente inclinada permite que la luz del sol entre durante 105 días del año y en dos días exactos (14/15 de mayo y 28/29 de julio) cuando el astro está en su cenit, y en el mediodía astronómico, el haz de luz cae directamente a través del tubo proyectando la imagen del sol en el piso del subterráneo. La realización concreta de un semejante observatorio semejante requería necesariamente no sólo conocimientos astronómicos detallados y capacidades de cálculo avanzadas, sino también una habilidad constructiva admirable. Para tener una idea podemos mencionar el caso de los famosos templos de Abu Simbel en Egipto, originalmente excavados en una pared de roca. La orientación y estructura del mayor de ellos era tal que durante los días 21 de octubre y 21 de febrero (61 días antes y 61 días después del solsticio de invierno, respectivamente) al levantarse el sol en el horizonte sus rayos penetraran hasta el santuario, situado al fondo del templo, e iluminaran las caras de Amón, Ra y Ramsés II. Debido a la construcción de la presa de Asuán para crear el lago Nasser y el consecuente aumento del nivel del Nilo fue necesario reubicar varios templos, incluidos éstos, que se hallaban a la orilla del río. Un importante equipo internacional se encargó de partir en grandes bloques y volver a montar en un lugar seguro todo el templo. Esta empresa gigantesca duró cuatro años (de 1964 a 1968) y los templos fueron trasladados a un nivel más elevado de 65 metros y perfectamente reconstruidos: el fenómeno solar sigue produciéndose con una pequeña diferencia (60 días antes y después del solsticio en lugar de 61), pero los rayos ya no inciden directamente en la cara del faraón. Los ingenieros y arquitectos actuales, dotados de las tecnologías modernas más avanzadas, no supieron reproducir este detalle sutil. Se puede pensar que, más que nada, no les pareció razonable empeñarse en el complejo trabajo que se necesitaba para reproducir este pequeño detalle, pero este mismo hecho tiene un significado importante. Para los egipcios los dos días tenían un valor sagrado siendo (según dice la tradición) los del nacimiento y de la coronación de Ramses II, el soberano divino hijo del sol, así que esta coincidencia astronómica tenía un sentido religioso, político y social de alto nivel y "merecía" ser subrayada mediante los logros de la más avanzada ciencia astronómica y tecnología constructiva. En otras palabras, la "visita" del dios Sol que cada año en fechas determinadas encontraba la cara del faraón era como la repetición de un "milagro" que confirmaba la alianza entre cielo y tierra, dioses y soberano, soberano y pueblo, que ofrecía solidez y seguridad a los hombres de aquella cultura. La dimensión "humanista" de aquella empresa tecnológica se pierde necesariamente cuando nos limitamos a contemplar la constitución material de aquel templo (y de los restos arqueológicos en general): podemos admirar su belleza y considerar la ingeniosidad de su construcción, pero son como animales embalsamados en un museo, a los cuales les falta aquella "vida" que poseían en su tiempo. Algo parecido vale para Xochicalco. Los antiguos mexicanos, no menos que los egipcios, adoraban al Sol y la "captación" y casi manipulación de sus rayos tenía un valor religioso profundo. En particular sabemos que, cuando los rayos del sol empiezan a entrar, al inicio del día previsto, por la chimenea del observatorio de Xochicalco, se produce una serie de reflejos que dan la impresión de una serpiente de luz que baja de la cumbre a la base de la gruta. Es una especie de evento milagroso, cuya interpretación religiosa surge espontánea dentro del marco de los mitos y las creencias de los pueblos mexicas, en donde la serpiente, bajo sus diferentes variantes y transformaciones, ocupa un lugar privilegiado. De hecho, la destinación religiosa de este observatorio es comúnmente admitida por los arqueólogos, aunque no se puedan detallar los tipos de ceremonias y ritos que allí se celebraban.

Lo que hemos discutido nos autoriza a afirmar que la construcción de observatorios por parte de los antiguos mexicanos era una expresión de alta tecnología, en cuanto implicaba, además de la pericia constructora, la aplicación de complejos conocimientos teóricos. Pero la definición de cualquier realización tecnológica queda mutilada si no se precisa "para qué sirve". En nuestro caso es fácil decir que un observatorio sirve para describir los fenómenos celestes, y ésta es para el hombre moderno una caracterización suficiente. Sin embargo, un hombre menos "compartimentado" puede plantear la pregunta ¿para qué sirve conocer los fenómenos celestes? Aquí el hombre moderno se queda desamparado, porque por un lado este conocimiento se presenta como "neutral" con respecto a cualquiera aplicación y por otro lado hay muchas aplicaciones posibles de estos mismos conocimientos. Al contrario, para el hombre antiguo, por ejemplo de Egipto o de México, el conocimiento de los fenómenos celestes servía para *entender* la estructura del mundo, su orden, y la situación del hombre dentro de ese mundo. En otras palabras, la astronomía era un elemento esencial para el planteamiento y la aplicación de una *cosmovisión* dentro de la cual tenían que situarse los diferentes aspectos de la *existencia humana*. Por esto la astronomía podía convertirse en una "ciencia aplicada" para las necesidades de la religión (como hemos visto), pero también en ciencia aplicada para ayudar al hombre a descubrir su destino (astrología, adivinación), o para permitir diagnósticos y terapias de las diferentes enfermedades (constituyendo de tal manera una parte fundamental del contenido teórico de la medicina). En síntesis, la astronomía tenía un sentido *humanista* muy profundo y, en la medida en qué sus conocimientos reforzaban la idea de un orden cósmico al cual debe conformarse la vida buena del hombre, presentaba un fuerte alcance *ético*. De hecho, la idea que el "fundamento" de la ética es constituido por la *naturaleza*, entendida no puramente como conjunto de cosas, sino como sistema *ordenado e intrínsecamente valioso*, ha representado a lo largo de la historia una de las perspectivas más sobresalientes para justificar la objetividad de las normas morales. En plena sintonía con esta concepción, la cosmovisión de los antiguos mexicanos enmarcaba al ser humano dentro de un orden material y espiritual cuyo conocimiento era la condición para una existencia auténtica. En aquella perspectiva no había lugar para el "great divide" (la gran división) entre hechos y valores que caracteriza la ética empirista y positivista moderna, ya que el universo era considerado como algo de por sí bueno y positivo, en el cual los hechos ya están connotados por valores.

El calendario

Probablemente muchos de los que están intuitivamente dispuestos a admitir que los antiguos mexicanos poseían en algunos ámbitos una cierta tecnología piensan en lo que comúnmente se llama el "calendario azteca", pero cuyo nombre correcto es "piedra del sol" y que se halla reproducido en miles de recuerdos y objetos turísticos. Su forma circular, dividida en una sucesión de coronas circulares concéntricas, a su vez partidas en sectores y llenas de símbolos y figuraciones estilizadas sugiere espontáneamente la idea de un "instrumento científico", tal vez gracias a una cierta semejanza con los astrolabios que, desde la antigüedad griega hasta el siglo XVII, fueron construidos en Occidente para estudios astronómicos y aplicaciones especialmente a la navegación. Esta analogía no es engañosa, ya que esta piedra, al igual que los astrolabios, sirve para *representar* una parte del mundo y *calcular* ciertos hechos presentes o futuros. En el caso del astrolabio lo que se representaba, en sentido amplio, la esfera celeste por medio de una proyección estereográfica y lo que era posible determinar o calcular la posición de ciertas estrellas, la latitud de un sitio, la dirección hacia un determinado lugar, la hora del día y de la noche, entre otros aspectos. La piedra del sol es una representación sintética de todo el universo, distribuida en un número preciso de eras (los cinco soles) y relacionada con ciertas situaciones astronómicas. No es éste el lugar para presentar los muchos aspectos de esta piedra y mencionar las discusiones que conciernen a su interpretación. Queremos solamente apuntar que se trata de un *calendario*, o sea de una representación no del espacio, sino del *tiempo* que es considerado como una realidad en cierto sentido estática (el tiempo de cualquier calendario no "fluye", y hoy podemos imprimir un calendario del año 1236 así como del año 5421: pasado y futuro no existen en un calendario, sino se ponen con referencia a un sujeto que dice "ahora"). Muchos especialistas han subrayado que la piedra del sol, mal llamada calendario azteca, al igual que los calendarios mayas están dotados de una grandísima *precisión,* en el sentido de que permiten determinar fechas y duraciones temporales con una exactitud mayor que la del mismo calendario gregoriano que, después de su introducción en el siglo XVII, seguimos utilizando hasta la fecha. Para los que saben cuántas mediciones astronómicas y cálculos matemáticos se necesitaron para llegar a la promulgación (por parte del papa Gregorio XIII) del nuevo calendario en 1582 no es difícil entender que la precisión de los calendarios del Anáhuac suponen el dominio de conocimientos astronómicos y habilidades matemáticas de absoluta excelencia y este simple hecho nos obliga a reconocer en este calendario una obra de tecnología muy avanzada. Lo que se supone tan fácilmente está comprobado por los estudios rigurosos que varios especialistas han hecho de los sistemas numéricos, de los diferentes tipos de notaciones (inclusive la posicional), de la manera de realizar operaciones que caracterizaban a la aritmética no sólo de los mexicas, sino también de otras culturas del Anáhuac, lo que (junto con otras característica comunes) permite hablar de un calendario anahuaca con diferentes variantes dependiendo de las diferentes culturas, y la piedra del sol es precisamente la más conocida de estas variantes.

No tendría sentido entrar aquí en una presentación de los aspectos "técnicos"(es decir astronómicos y matemáticos) de los calendarios del Anáhuac, que han sido tratados extensamente por varios especialistas, puesto que nos interesa más considerar otros aspectos que van más allá de la simple exactitud "científica". La razón que impulsó la Iglesia católica a promover la reforma del antiguo calendario "juliano" era la dificultad de armonizar la fecha de la Pascua –y por consiguiente de las otras fiestas móviles– con los hechos astronómicos. La fecha de la Pascua cae en el primer domingo posterior al plenilunio que sigue al equinoccio de primavera, y las fechas del calendario civil juliano se habían convertido a lo largo de los siglos en un desfase de diez días con respecto a la fecha (21 de marzo) atribuida al equinoccio de primavera en el año

325 (cuando el concilio de Nicea estableció el mencionado criterio astronómico para determinar la fecha de la Pascua). Esta diferencia, que comportaba una variabilidad de la fecha calendárica del equinoccio, se debía a un pequeño error en la determinación del año trópico (es decir del tiempo exacto que necesita la Tierra para dar una revolución completa alrededor del Sol) y que a lo largo de más de mil doscientos años había producido una diferencia notable. Eliminar esta diferencia significaba eliminar la discrepancia entre la duración del año litúrgico (que era también el civil) y el año trópico: el resultado conseguido fue una sincronización de los tres calendarios conseguida con tomar el año trópico correctamente evaluado como base de referencia. Para lograrlo se eliminaron días, como referencia tomaremos el ejemplo de Santa Teresa de Jesús, mejor conocida como Teresa de Ávila, quién murió el 4 de octubre de 1582 y fue enterrada el 15 de octubre de ese mismo año ¿Tardaron 11 días en enterrarla? No, simplemente el 5 de octubre de 1582 nunca existió. Ni los días 6, 7, 8, 9, 10, 11, 12, 13 y 14. En octubre de 1582 se pasó del 4 al 15, y todo por corregir un error en el calendario europeo de ese entonces.

Estos pocos elementos históricos son suficientes para hacernos conscientes del profundo significado existencial inherente al calendario o, mejor dicho, a los calendarios en general. Estos surgen de diferentes exigencias, como la distribución de las actividades agrícolas según los ritmos periódicos de las temporadas, o la consideración de los tiempos más favorables para realizar empresas constructivas o militares, pero pronto reciben significados simbólicos más complejos, ya que de hecho cada comunidad celebra ciertas fechas como memoria de eventos que subrayan su identidad o marcan el camino de su historia. En otro plano se sitúan las fechas de las celebraciones religiosas, ellas también distribuidas según un calendario litúrgico, etcétera.

Por tanto, un cierto problema es reconocer y armonizar algunos de estos diferentes calendarios y lo interesante de los calendarios del Anáhuac, y muy en particular el maya, es que en ellos se encuentra la manera de hacerlo. Por ejemplo, había dos calendarios principales, el de 365 días y el de 260 días (este segundo más antiguo, basado en un sistema de numeración vigesimal, vinculado especialmente con prácticas religiosas y presente en todas las culturas de Mesoamérica). Era muy natural entonces querer armonizar estos dos calendarios y los mexicas se dieron cuenta de que ambos coincidían cada 52 años, así que era posible "fechar" de manera diferente, pero exacta, un mismo día según los dos diferentes calendarios: cosa no elemental desde el punto de vista del mero cálculo matemático, ya que no se trata simplemente de adicionar o restar un determinado número, como pasa si comparamos calendarios que difieren sólo en la fecha inicial del cómputo de los años, pero admitiendo la misma duración del año. En realidad se trataba de años de diferente duración y, por tanto, el cálculo se presentaba bastante complejo. Pero lo que más impresiona, y que exige una gran capacidad de invención y realización práctica, es el haber encontrado la manera de hacer *visible* esta coincidencia de valores diferentes sin necesidad de calcularla. Una idea parcial se puede tener considerando cómo funcionan los relojes mecánicos y medidores tradicionales, en los cuales la rueda dentada correspondiente a una determinada unidad produce, después de un cierto número de giros, el avance de un paso de la rueda dentada correspondiente a la unidad superior, así que en cualquier instante, se puede conocer el valor de ambas escalas. Sin embargo, el aparato indica sólo estos valores instantáneos y no el cuadro de todos los valores posibles. En el calendario azteca, al contrario, se presenta algo que corresponde a los "dientes" de una rueda que se insertan en los espacios de otra rueda de diámetro diferente y, como ambas están representadas completamente, a cada valor de la numeración de una aparece el valor correspondiente de la otra (más o menos como pasa en una regla que lleve una escala en centímetros y abajo en correspondencia una escala en pulgadas y, por consiguiente, nos permite determinar a simple vista, y sin realizar cálculos, la longitud de una línea en centímetros y en pulgadas).

Por razones de simplicidad hemos hablado de numeración y números y, si nos limitáramos a esto, tendríamos que decir que el calendario "sirve para" determinar fechas. Lo que es correcto, pero parcial, ya que podemos preguntar "para qué sirve" calcular fechas y aquí entramos en un discurso amplio. No queremos repetir aquí lo que hemos mencionado brevemente acerca del significado religioso, civil, social, cultural y en general "simbólico" que en cualquier época y cultura se atribuye a determinadas fechas que rememoran cíclicamente eventos pasados cargados de un valor particular. Ahora nos interesa subrayar que en estos calendarios mexicanos los números siempre están asociados a símbolos y nombres y esto tenía varias implicaciones en la vida individual y social de la gente. Por ejemplo, los antiguos mexicanos acostumbraban nombrar a los niños de acuerdo con el día de su nacimiento (por ejemplo 8 Venado, 5 Flor, 3 Movimiento. 11 Lagarto). Así el nombre se daba según la combinación de cargadores, una rueda de 13 números y otra de 20 signos. Era tu primer nombre en referencia al día que viste tu primera luz, los siguientes nombres los obtendrías por merecimiento. En cierto sentido, es una costumbre que permanece vigente, ya que no es raro que a un niño se le ponga el nombre del santo del día de su nacimiento. El calendario de 260 días (que más se prestaba a estas prácticas) se utilizaba también para establecer quién era una buena pareja para el matrimonio: el hombre y la mujer no tenían que llevar el mismo número o nombre de día de nacimiento y el número de día del esposo tenía que ser mayor que el de la novia. Además, se trataba de dar preferencia a ciertos nombres y evitar otros considerados no favorables, hasta el punto que, si un niño nacía en un día desfavorable, los padres debían esperar hasta otro día favorable para darle este nombre al niño y así mejorar su destino. La bondad o malicia de los nombres y números de los días determinaba también cuando sembrar y cosechar, cuando empezar las guerras y cuando celebrar bodas. La observancia de estas reglas era particularmente difundida entre los nobles, pero este verdadero sistema de "augurios" interesaba a todos los individuos, puesto que la influencia de la fecha de nacimiento moldeaba y modelaba, según estas creencias, la vida entera. De todo lo dicho se desprende fácilmente el sentido humanístico de este arte calendárico, cuyo conocimiento se consideraba fundamental en la educación no menos que en la formación del carácter de las personas y en la práctica médica.

Para concluir, es importante señalar que respecto a los mayas, ellos manejaron también otras ideas del tiempo, incursionaron en otras temporalidades, en otros espacios del devenir, que escapaban al transcurso sistemático de los ciclos astrales. Por ejemplo, el tiempo en el que se desenvuelven las historias sagradas o mitos y la temporalidad de otros espacios de la realidad, donde residen los dioses y los ancestros deificados, y a la que los hombres vivientes pueden acceder en estados peculiares de conciencia. En el juego de los tiempos participan, así, el tiempo del mito y el tiempo de los sueños, los éxtasis y la muerte, que se entrelazan con el transcurrir cronológico, con el tiempo profano o de la realidad cotidiana,[2] hermanando en el transcurrir cíclico al tiempo cósmico, al tiempo mítico y al tiempo del "más allá", logrando encauzar el devenir y hacer frente a la finitud, el caos y la muerte. Pero ante la devastadora Conquista española, todos sus tiempos se desintegraron. Los autores del *Chilam Balam de Chumayel* expresaron su profunda desolación con las siguientes palabras:

> Toda Luna, todo día, todo año, todo viento [...] camina y pasa también. También toda sangre llega al lugar de su quietud, como llega a su poder y a su trono [...] Medido estaba el tiempo en que pudieran encontrar el bien del Sol. Medido estaba el tiempo en que miraran sobre ellos la reja de las estrellas, desde donde, velando por ellos, los contemplaban los dioses, los dioses que están aprisionados en las estrellas...[3]

Así, aquellos extraordinarios hombres mayas, señores del tiempo, "habrían de llegar al fin de su tiempo".

---

[2] Mercedes de la Garza, Guillermo Bernal Romero y Martha Cuevas García, *Palenque-Lakamha'*, México, Fondo de Cultura Económica/El Colegio de México (Fideicomiso Historia de las Américas), 2012.

[3] *Libro de Chilam Balam de Chumayel*, traducción Antonio Médiz Bolio, Pról. Introd. y notas de Mercedes de la Garza, México, Secretaría de Educación Pública, 1985 (Serie "Cien de México").

CAPÍTULO VII

El papel de la mujer en la civilización del Anáhuac

Primeramente debemos reconocer que en realidad sabemos muy poco de cuál era la situación de la mujer en la época precuauhtémica. Sin embargo, existen diversas fuentes que pueden orientarnos, en particular: mitos, códices, discursos de tradición oral (*huehuetlatoli*), que describen cómo eran las relaciones entre los sexos. Con base en ellas y en la tradición conservada, algunos estudiosos, encabezados por Miguel León-Portilla, nos dicen que la cosmovisión náhuatl concebía el destino de la mujer, desde su nacimiento, para ser educada de tal manera que llegara a ser modelo de esposa, madre y una fiel servidora de la divinidad; su nacimiento se consideraba una bendición y se le comparaba con el jade, una turquesa divina.

Como se señaló en el capítulo V, la procreación era la misión principal en la vida de las mujeres de la civilización del Anáhuac. La riqueza en descendientes era un bien muy preciado en los pueblos de habla náhuatl, que practicaban la filosofía del Toltecáyotl. La mujer que moría durante el parto, en especial si se trataba de una primeriza, se convertía en una de las mujeres del *cihuateteo*, es decir, una divinidad femenina. El trabajo del parto, en medio de sus dolores y sufrimientos, era equivalente a la acción de los guerreros en la batalla, análogo a lo que éstos podían sufrir en la guerra florida o en la piedra de los sacrificios. Así, valiente y guerrera, la mujer podía surgir del parto vencedora, cuya recompensa era traer a la tierra una nueva vida, y la partera saludaba al recién nacido (el pequeño prisionero) con gritos de guerra, al mismo tiempo que alababa a la madre por su valor como guerrera. Si moría, entraba en el mundo de los dioses para acompañar al sol en su descenso.

> Convertirá en cierta y verdadera la palabra de los dioses que ha de haber siempre generación en la tierra, no deberá temer, pues si los dioses así lo disponen podrá tal vez morir en su oficio de madre. Habrá entonces cumplido su suprema misión como mujer. Al igual que la diosa madre habrá peleado con fuerza. Como los guerreros, también ella a su modo, podrá acabar llevando prisionero en su seno a un ser humano. Y si al tratar de introducirlo en la vida ella perece en el intento, pasará a ser compañera del sol, mujer divina que ha entrado a la región donde moran los dioses.[1]

Es así que, León-Portilla resume en estas palabras, la consideración del estatus de la mujer náhuatl al convertirse en madre, es ser que continúa el trabajo de los dioses. Por medio de bellas metáforas se define su naturaleza haciéndola merecedora de respeto y honor; además, palabras como el rescoldo del hogar, luz, tea, espejo; definen a la mujer como el alma de su hogar y de su familia.

La atención del embarazo y del parto ofrece un excelente ejemplo de la sólida integración entre elementos religiosos, creencias mágicas y la aplicación de conocimientos obtenidos por observación, notándose la más completa congruencia tanto en sus fines como en sus contenidos.

Sin embargo, esta visión de León-Portilla compartida por algunos otros historiadores, filósofos y antropólogos como López Austin y Laura Ibarra, es parcial. Resulta incompleta si no tomamos en cuenta los aportes de investigadores de este siglo como lo son: Guillermo Marín y Mauricio Tapia, entre otros, que nos aclaran mucho acerca del aprecio que se tenía por la mujer en el Anáhuac. Visión que debe ser difundida para evitar interpretaciones erróneas y mal fundamentadas que sólo crean confusión y desconocimiento, como en la obra: *La mujer azteca*, en la cual se hace creer que la condición de la mujer

---

[1] Miguel León-Portilla, *Toltecáyotl aspectos de la cultura náhuatl*, México, Fondo de Cultura Económica, 1993, p. 424.

en la época precolonial era de sometimiento y que la carga laboral la convertía en fuente productora de productos básicos, pero sin derecho a ellos y con acceso muy limitado. En cuanto a la organización y administración de la familia, según esta obra, era considerada como responsable absoluta, esclava del matrimonio y del cuidado de los hijos.[2] Nada más lejos de la verdad.

Con base en los principios masculino-femenino, naturalezas distintas y complementarias, en el Anáhuac se establecieron ciertas distinciones, especialmente en el reparto de actividades y responsabilidades. Mujeres y hombres estaban conscientes de que según fuera el cumplimiento de sus tareas, sería el mundo.[3] Por ello, la responsabilidad y el papel de la mujer en el mundo anahuaca eran de suma importancia y se reflejaban en todos los aspectos de la vida. La mujer y el hombre, como lo hemos ya señalado, complementaban sus diferencias, se les consideraba distintos, pero con el mismo valor. Las diferencias eran un valor y no una debilidad.

El hombre y la mujer tienen diferencias evidentes, tanto en el aspecto físico como en el aspecto mental y sentimental, diferencias que complementan a un sexo con el otro, haciendo que unidos sean muy poderosos. Nunca se denigró a la mujer ni se le tomó como un ser inferior cuya mentalidad le impedía gobernar o dirigir, tal y como ocurrió con los filósofos griegos de la Antigüedad. Así, en la "Tira de la peregrinación", como bien señala Mauricio Tapia, donde se relata el gran viaje que protagonizaron los aztlaltecas, hay tres dirigentes masculinos y una mujer (Chimaltli) que va a su lado como una dirigente más. Sin embargo, fundamentalmente está el hecho de que todos nacemos de una mujer; no obstante, para que esta mujer pueda concebir una vida requiere de un hombre, por lo que ambos son importantes aunque jueguen roles distintos.

Todos los seres humanos tenemos algo de nuestros padres, sin importar nuestro sexo. Contamos con una parte masculina y otra femenina, un lado izquierdo y un lado derecho, pero ninguno es más importante que el otro, ambos se complementan a la perfección. Estas observaciones se aplicaban a

---

[2]	*Cfr.* María Rodríguez Shadow, *La mujer azteca*, México, UAEM, 1991.

[3]	*Cfr.* Fernando Díaz Infante, *La educación de los aztecas*, México, Panorama, 1992.

todos los aspectos de la sociedad y la naturaleza en el Anáhuac, por lo que se encontró forma a los volcanes de hombre (Popocatépetl) y de mujer (Iztaccíhuatl), acompañados por siempre uno al lado del otro.

La existencia de la dualidad era evidente en todos los aspectos filosófico-religiosos del Anáhuac. Todos los símbolos filosóficos a los que se les ha mal llamado dioses, tienen una manifestación masculina y otra igual de importante femenina. Es así como *Ometeotl* está formado por *Omecihuatl* (mujer dualidad) y *Ometecuhtli* (hombre dualidad). De igual manera, las manifestaciones de la naturaleza tenían su contraparte complementaria, por ejemplo, *Tlaloc* es el licor de la tierra, es la parte masculina del agua y se manifiesta con las aguas verticales. Su complemento femenino es *Chalchiuhtlicue*, la señora de las aguas horizontales, o sea, los lagos, mares, ríos. Sin la lluvia no pueden crearse los lagos, pero sin la presencia de mares y lagos las nubes no existirían. Un elemento requiere del otro para existir aunque tienen naturaleza diferente, las nubes riegan aquí y allá nutriendo todas esas aguas estancadas, los lagos contienen el agua de lluvia y su evaporación procura las nubes. Sin ella él no existe y viceversa.

El machismo y la discriminación que existen y se han dado en México no es herencia del Toltecáyotl. La virginidad carecía de importancia, el sexo no era un pecado sino la base de nuestra existencia. Ninguna mujer perdía su valor por haber mantenido relaciones sexuales o por carecer de himen, y menos aún por ser viuda o divorciada. Las afirmaciones de utilizar "doncellas vírgenes" para realizar sacrificios carecen de fundamento y de fuentes primarias. La casa de las mujeres, el *cihuacalli*, ha sido mal interpretado por los cronistas antiguos como una casa de prostitución, siendo que era una escuela destinada a las cuestiones particulares de la mujer, un lugar donde a las niñas que habían empezado a ser mujeres, a la llegada de su primer menstruación, eran educadas en todos aquellos aspectos que son transmitidos de mujer a mujer, en un ambiente de total confianza y confidencialidad. Además, las mujeres tenían derecho a la educación que recibía cualquier hombre en el *tepochcalli, cuicacalli* o *calmecac*.[4]

---

4   *Cfr.* Lourdes Velázquez, "El aprecio por la mujer en el Toltecáyotl", en *Carta de México*, publicado el 23 de septiembre de 2014, disponible en: ‹https://bit.ly/2CIQ7FU›. Consultado 30 de noviembre de 2018.

Las mujeres tuvieron un papel importantísimo en la creación de los alimentos y las medicinas que han llegado hasta nuestros días, eran versadas en medicina y sus conocimientos eran tan valiosos e importantes como los de cualquier hombre.

El valioso rol de la mujer y la importancia del lado femenino de nuestras vidas son cuestiones filosóficas de la mexicanidad que por nuestro bien debemos recuperar, mantener y aplicar diariamente en nuestras vidas. Si pretendemos crear un México con igualdad y justicia, primero debemos practicar ambos conceptos en nuestros núcleos sociales y familiares, el resto será consecuencia de empezar a vivir en un mundo con auténticos valores que equilibren perfectamente lo masculino con lo femenino.

No somos iguales, pero tenemos el mismo valor.

CAPÍTULO VIII

Sacrificios humanos, ¿mito o realidad?

La lógica, el sentido común y la experiencia nos hacen cuestionarnos si de verdad los anahuacas practicaban sacrificios humanos o no. Eran astrónomos, ¿necesitaban sacrificar humanos para que volviera a salir el sol? Usaban cuchillos de obsidiana y piedra, ¿con estos instrumentos se puede sacar el corazón a un hombre vivo en segundos? Al ser los grandes maestros del albur y la metáfora, ¿se pueden tomar de forma literal las representaciones simbólicas? ¿Alguien que no fuera soldado, ni historiador ni científico, Bernal Díaz del Castillo presenció algún sacrificio a kilómetros de distancia? Reconozcamos que en ninguna comunidad indígena se ha hecho un solo sacrificio humano durante los últimos 500 años. Las invasiones, saqueos y genocidios se debían justificar, la Santa Inquisición sólo podía matar a los diabólicos paganos, pero ¿una cultura que no conoce de dioses y menos aún de demonios puede hacer sacrificios? Los arqueólogos del siglo pasado no eran versados en esto y solían dar su propia versión interpretando –no leyendo–, y buscando demostrar lo que los libros de hace casi quinientos años decían. Normalmente los hallazgos "hablan" según el punto de vista del arqueólogo en turno. Cada arqueólogo busca su propia verdad. De manera lamentable siempre que se encuentra un cuchillo se relaciona con la aplicación ritual, si se hallan restos humanos se asocian con un sacrificio, si se percibe sangre es "lógico" que se crea que se usó para rituales. ¿A nadie se le ocurre otro uso? En ocasiones la interpretación imprecisa de ciertos conceptos básicos del náhuatl ha propiciado que los investigadores y divulgadores científicos incurran en descripciones erróneas de la realidad anahuaca.

Las investigaciones de campo actuales ofrecen otra versión sobre los sacrificios humanos, basándose en fuentes primarias y dejando a un lado las interpretaciones eurocentristas. Pero quiero aclarar que es sólo una versión más. Aquí no señalaremos ningún punto de vista como el verdadero o al que nos debemos ceñir. Simplemente los compartimos, ya que nos parece justo. Nadie es portador de la verdad absoluta (irónicamente esta es una verdad absoluta). No te quedes con lo que aquí planteamos, cuestiónalo, investigando por ti mismo y poniendo tu granito de arena en el camino del conocimiento.

Además de que me parece ilógica la versión de Bernal Díaz del Castillo, único testigo presencial que deja una narración escrita en la que dice haber sido testigo de un sacrificio en el Templo Mayor de Tenochtitlán y visto cómo se extraía el corazón aún latiendo de la víctima mientras ¡se encontraba en Tlacopan, a siete kilómetros de distancia! Por más que en esos tiempos no existiera contaminación ambiental, ni edificaciones, por más que Castillo estuviera de pie en el tope de un *teocalli*, es imposible distinguir dichos detalles a siete mil metros en línea recta... Pueden ustedes revisar la referencia: "Historia General de las cosas de la Nueva España".

Lo que Bernal describe en forma conmovedora sin estar presente o cuando menos cerca: "Con navajones de pedernal les aserraban los pecho y les sacaban los corazones bullendo",[1] son escenas llenas de barbarismo con las que hasta el más incrédulo cede, pero se comienza a dudar al saber que pasaron más de cincuenta años de las vivencias hasta el momento de escribirlas. En lo personal me parece extraño y me preocupa seriamente que ningún historiador "convencional" lo haya cuestionado.

Cortés sería el punto de partida para el estudio de este aspecto, pero sus cartas no tienen ninguna aseveración de haber presenciado un sacrificio ritual en el que la víctima fuera humano y mucho menos una aseguración visual de algún acto de canibalismo. Al revisar nuevamente las crónicas escritas por religiosos se nota a primera instancia que las antigüedades de los mexicanos están realizadas con base en recuerdos de sus informantes y nunca en testimonios visuales, dichos recuerdos no los presenciaron sino que son producto de

---

[1] Bernal Díaz del Castillo, *Historia General de las cosas de la Nueva España*, edición digital, UNED, 2016 (Colección Clásicos Hispanoamericanos).

lo que guardaban por tradición. Por cierto, el doctor en etnología Peter Hassler, sostiene que las fuentes que traten de presentar evidencia de sacrificios humanos son falsas y los sacrificios son inexistentes a la luz de la investigación científica, y la propia antropóloga Eulalia Guzmán (que participó en la exhumación de los restos del último *tlatoani*, Cuauhtémoc) afirmó que la historia de los sacrificios eran cuentos de terror para niños, sin pruebas que los sustentaran. Razón de más para preguntarnos por qué la persistencia no sólo de su afirmación, sino la poco prolija y responsable revisión de tales evidencias.[2]

> "En el caso de los sacrificios rituales, toda la información queda en entredicho al tomar en cuenta que según el historiador IXTLILXOCHTL, las leyes que normaban la conducta de los habitantes de Anahuac eran muy rígidas, lo mismo asienta Andrés de Olmos, Cristóbal de las Castillo. Si alguien transgredía alguna ley y alteraba el equilibrio de su sociedad era ejecutado según su jerarquía. Esas ceremonias referentes a los sacrificios rituales que con lujo de detalle nos describen Sahagún y Durán aunque sus informantes nunca las vieron y que están relacionadas estrechamente con el calendario, son ejecuciones de los que faltaban a sus normas sociales y eran ejecuciones de los que alteraban la paz de los pueblos o los intereses comunes entre ellos".[3]

Es esperable que los cronistas militares afirmaran que: "los cráneos se apilaban a un lado de la piedra de sacrificio mientras al pie de las pirámides los cuerpos decapitados se acumulaban como heces", así como que "la sangre corría por las escalinatas y las calles como arroyuelos" (lo que además significaría que los autóctonos tenían la sangre bastante diluida, porque, como sabemos, ésta coagula casi inmediatamente al contacto con el aire), ya que difundir estas ideas en el pueblo iletrado y crédulo de la Europa de entonces ocultaba y disimulaba las propias atrocidades que en nombre del Rey y la Cruz se estaban haciendo: el expolio, las masacres, las violaciones, la destrucción

---

[2] Gustavo Fernández, *Un ensueño entre serpientes y jaguares* (segunda parte), Universidad Náhuatl, pp. 23-24. Disponible en ‹https://bit.ly/2TL6yD1›.

[3] *Ibid.*

cultural. Se necesitaba demonizar al indígena para que todo fuera permitido, para que nadie osara cuestionar los métodos sanguinarios de militares sedientos de riquezas. Por otra parte, los cronistas clericales cuidaban sugestivamente de no hacerse responsables de haber visto lo que escribían, por eso utilizaban la expresión: "dicen que...".

El único testimonio de sacrificio que relatan las crónicas de la Conquista es el de 50 españoles y ocho caballos de los cuales vieron las cabezas clavadas en unas estacas. Sin embargo, esto no demuestra que hayan sido sacrificados a ningún dios, sino lo más lógico es que hayan sido ejecutados como prisioneros de guerra. Desde su llegada a Tenochtitlán, Cortés traía en mente el prejuicio de la supuesta antropofagia azteca y sin más preámbulos prohíbe la "práctica de sacrificios humanos a sus ídolos".

Cualquier cirujano sabe que sacar un corazón en segundos es imposible, sea con el instrumental que sea. Nunca nadie presenció un sacrificio y las "pruebas"que se han encontrado para los actuales mexicas son demostraciones de que practicaban cirugías, no sacrificios. Recordemos que los frailes y soldados medievales, además de no conocer de ciencia, desconocían de medicina (Leonardo da Vinci hizo sus tratados de anatomía entre 1510 y 1520 bajo la supervisión de la Inquisición), y si lleváramos a un fraile o a un soldado de esa época a un hospital actual, pensaría que estamos haciendo sacrificios de sangre a un dios llamado Medicina y vería las morgues como sitios satánicos, las salas de operaciones como altares de sacrificios y a los médicos como brujos. A los símbolos del hospital y a las estatuas de médicos famosos los vería como nuestras deidades y nuestra simbología religiosa, y no habría nadie que le convenciera de lo contrario. Las "evidencias" de sacrificios son objetos con sangre, nunca se han encontrado cuerpos con el corazón extirpado o las costillas abiertas, aun cuando "los que saben" aseveran que se hicieron miles de sacrificios. Los extranjeros son quienes evidencian los sacrificios. ¿Algún indígena lo ha corroborado?

De haber sido una costumbre anahuaca, a partir de 1810 se hubieran dado cientos de sacrificios, ya que el pueblo se estaba liberando y podía hacer y creer en lo que quisiera, sin embargo, nunca se sacrificó a ningún español. Ni en los pueblos más perdidos de México se ha practicado algún sacrificio humano.[4] ¿Cuál sería la razón de realizar sacrificios?, ¿para que saliera de nuevo el sol?, eran astrónomos, es imposible que relacionaran un corazón con el movimiento de los astros. Tan sólo los testimonios arqueológicos nos han demostrado que los aztecas manejaban un conocimiento científico milenario basado en una matemática astronómica exacta, con la cual dejaron inscripciones cíclicas que contienen movimientos astronómicos inmutables y eternos. ¿Cómo es posible que los conocedores de la mecánica celeste creyeran que si no le ofrecían el corazón de alguien al sol, no saldría al siguiente día?

¿Para someter? ¿Y luego ya sometidos qué exigían? No usaban dinero, no acumulaban riquezas y en sus propias tierras producían de sobra todo lo que necesitaban ¿Qué les pedían a los pueblos sometidos? Las pruebas pictográficas muchas veces dicen lo que uno quiere interpretar, el corazón es la simbología de los sentimientos, un corazón sangrante o apuñalado es un corazón que sufre, un corazón con dolor. La Coatlicue lleva un corazón en la mano, porque es una madre que te ofrece su corazón, o sea su amor, no porque exija alimentarse de corazones. Para entender la pintura y escultura de un pueblo tan metafórico como el nuestro, es necesario aprender su filosofía y su lenguaje. Se consideraban a sí mismos un pueblo guerrero, pero no porque hacían guerras sino porque mantenían una constante guerra contra sí mismos, contra sus impulsos, su ego, su vanidad. Los pueblos que hacen la guerra o que han sido invadidos o invasores, presentan ciertas características que no se observan en ningún lugar de México; por ejemplo, murallas de protección, torres de vigilancia, fortalezas, prisiones, calabozos, fábricas de armas y, en especial, avances muy grandes en tecnología militar. Las armas del guerrero anahuaca son flor y canto, no escudo y espada. Queda mucho por descubrir de nosotros mismos, todo por cuestionar y hace falta volver a comprobar todas las "evidencias" de la supuesta barbarie anahuaca. Es nuestra responsabilidad hacerlo, es una labor de todos desenterrar nuestro pasado y entenderlo con la mentalidad del mexicano del siglo XXI y no del español medieval, conquistador, inquisidor del siglo XVI que juzgó como fanatismo algo a lo que ahora llamamos ciencia.

---

[4] Lourdes Velázquez, "Sacrificios humanos, ¿mito o realidad?", en *Carta de México. Revista digital que vincula México con España*, 18 de mayo de 2016, disponible en: ‹https://bit.ly/2I91uGR›.

El último hecho por analizar es la supuesta matanza de prisioneros al "consagrar e inaugurar el Templo Mayor". Se habla de 20 mil sacrificados en cuatro días, y las cifras se incrementan de 80 mil hasta 1 millón 600 mil según consigna Clavijero en su *Historia Antigua de México*. Aun tomando la cifra más pequeña resulta inadmisible que en una ceremonia de cuatro días hubieran atado 5 mil personas diarias a razón de cuatro por minuto. ¿Dónde iban a contener cerca de cien mil litros de sangre derramada y además los 20 mil cadáveres?

Estas fantasías, verdaderas exageraciones producto de mentalidades enfermas fueron utilizadas para tratar de aminorar la culpa genocida de los conquistadores.

Conclusiones

El pasado no tiene significado sino se aplica su sabiduría en el presente. La Toltecáyotl no sirve para nada si sólo es un saber enciclopédico más. Porque "el futuro" se construye diariamente con la inspiración y la sabiduría de lo mejor de nuestro pasado, lo mismo como persona, como familia, que como pueblo.

Guillermo Marín[1]

Cuando Colón tropieza inconscientemente con el ahora llamado continente americano y después propicia la llegada de los europeos, ya existía una cultura diferente, con un idioma, una filosofía, una medicina, entre otros aspectos, pero sobre todo una religiosidad desarrollada a través del tiempo. Es importante que esto lo sepan las nuevas generaciones, ya que es fructífero apoyarse en el legado de las generaciones que nos precedieron para, a partir de éste evolucionar las ideas y planear el futuro.

Aunque innumerables filósofos, antropólogos, historiadores y arqueólogos extranjeros dedicaron varios años de su vida para explicar, investigar e interpretar a las culturas anahuacas, desafortunadamente todo lo han hecho desde su óptica, desde su manera de ver el mundo y sus prejuicios culturales. Así concluyeron que existieron el canibalismo, los sacrificios humanos, la veneración a la virginidad femenina, dioses, imperios, infierno y fanatismo sin entender en realidad gran parte de todo esto. Pero nunca cuestionamos sus explicaciones de quiénes somos, de dónde venimos y sus afirmaciones sobre nuestros orígenes. Repetimos mentiras y malas interpretaciones que se hicieron sin mala intención. Aceptamos sumisamente las etiquetas de pueblos aborígenes y otras fantasías. Pero eso ha llegado a su fin.

---

[1] Guillermo Marín, *El Anáhuac esencia y raíz de México*, México, Educayotl. A.C. Oaxaca, 2010, p. 27.

Debemos reconocer que somos un continente de buenos oradores fantasiosos y locuaces más que pensadores. Dudar equivale a ser libres, dudar es pensar, dudar es decir no. Pienso que nuestro México necesita muchos no y muy pocos y raros sí. Necesita preguntarse, analizar, dudar, repensar cada cosa que se nos ha dicho a lo largo de nuestra vida y de nuestra historia. Como bien decía Sócrates, la duda es la madre del pensamiento, la duda es lo que nos puede conducir a la libertad. Considero que los cambios futuros pasarán a través de la duda constante y no de la afirmación que no se cuestiona.

El poder plantear las interrogantes ya constituye una ventaja. Se han señalado como otras características mexicanas el fácil olvido o desconocimiento de su historia y su poca capacidad de prever el futuro. Sin embargo, si no en los individuos, la memoria histórica puede estar presente en eso que llaman "alma colectiva". Ahí puede estar escondido el Toltecáyotl de algún docto *tlamatini*, el sabio entre los mexicas, al que se presentaba en los códices con un espejo de obsidiana en la mano derecha. Una perforación en el centro del espejo le permitía observar al mismo tiempo el pasado y los tiempos venideros. Recordemos que muchas veces las claves para solucionar los problemas de hoy nos las dan las fórmulas del pasado.[2] Pero para poder aplicarlas antes hay que conocerlas.

En la actualidad, los mexicanos estamos desempolvando nuestra filosofía e historia, rescatando la ciencia anahuaca en una búsqueda de un rostro y un corazón auténticos. Es nuestra responsabilidad y es un honor hacerlo.

El resurgimiento del Anáhuac es inevitable, sólo podemos atrasarlo o acelerarlo, pero nadie puede detenerlo. Todos jugamos un papel en esto, pero es un papel que cada quien elige por su propia voluntad y libre albedrío.

¿Cuál es tu papel?

En este movimiento que busca el rescate de nuestra cultura y sociedad, hay personas que investigan, enseñan, difunden, critican y atacan, leen y comparten,

---

2 *Ibid.* p. 32.

estudian y aprenden, y muchos más papeles que son indispensables. Lo importante es contribuir en algo, aunque sea en lo más mínimo. Para alcanzar esta meta hay que hacer tequio más que nunca. El tequio es uno de los principales valores olvidados de nuestra sociedad actual, es la suma de voluntades convertida en un solo poder, poder que logró obras esplendidas y maravillosas que desafían al tiempo y son el ejemplo de una civilización que aprendió a trabajar en conjunto. Además, el tequio, considero, puede ser la solución a los problemas sociales del México de hoy.

Necesitamos comprometernos en la investigación y el profundo análisis del pasado anahuaca porque constituyen los cimientos más profundos de lo que somos en esencia y que podemos ser. Debemos comenzar a hacer, "arqueología del Espíritu" en lo más profundo de nuestro ser.[3]

"El futuro de México es su pasado", como diría Guillermo Marín. Y no es para inventarnos un pasado distinto, es para crearnos un futuro digno.

Considero que un buen inicio para toda planeación es reconocer lo que se tiene, apreciarlo, valorarlo, aceptarlo y esta responsabilidad no podemos relegarla a las generaciones futuras, pues el cambio mental es necesario hoy. También debemos reconocer las limitaciones; así, tenemos que estar conscientes que para poder retroalimentar nuestra consciencia colectiva debemos nutrirnos de la historia, la filosofía, la religiosidad de nuestra cultura madre, reafirmar nuestra Toltecáyotl, nuestros grandes valores artísticos, literarios, científicos, musicales y poéticos.

La civilización del Anáhuac sigue viva y presente en muchos aspectos de nuestra vida cotidiana sin darnos cuenta. A los bebés europeos no se les coloca un "ojo de venado" para ahuyentar las energías negativas, ni a sus muertos se les reza nueve días en su descenso al Mictlán, esto es propio de nuestros viejos abuelos. Desconocer o anular tal herencia es similar al vástago que rechaza una herencia material y espiritual de sus abuelos y de sus padres. Somos los descendientes de nuestros antepasados, por eso debemos conocer y difundir su herencia, que es nuestra y constituye nuestra riqueza. Una cultura es más fuerte en la medida en que se apoya en la raíz y en el cimiento de

---

3   *Idem.*

las generaciones pasadas. Debido a esa memoria histórica nos merecen respeto países como Italia, cuya capital se le conoce con el nombre de la ciudad eterna, ¿pero qué pasaría si Italia dijera que rechaza la herencia cultural de la época de los césares, como Cicerón, Graco, entre otros? En ese caso, sería un país sin raíces. Roma no se construyó en un día y en eso se funda su grandeza.

Otra nación que se apoya en sus raíces es China, cuyo sistema de escritura es muy diferente al alfabeto latino, esto es muy importante, ya que demuestra que tiene algo suyo, heredado de sus antepasados. Ya que sólo apoyándonos en nuestros orígenes no tendremos que inventarnos a cada instante, pues consume tiempo y esfuerzo y, sobre todo, estanca a las culturas. En cambio, es fructífero apoyarse en el trabajo positivo de los hombres que nos precedieron para evolucionar las ideas y las obras para bien de la cultura. Grecia debe sentirse satisfecha de que sus antepasados cultivaron la filosofía, la historia, la mitología –que es una antesala de la filosofía misma– las matemáticas y la ciencia en general y así cada país seguramente tiene en sus anales un inventario de lo que han producido otras generaciones a través de las centurias, en la filosofía y en la historia, entonces ¿por qué los mexicanos generalmente cuando hablamos de la historia usamos un prototipo griego citando a Homero? ¿Por qué cuando hablamos de los mitos etiológicos mencionamos la mitología griega y glorificamos a Hércules, Troya, *La Ilíada*, *La Odisea*, *La Eneida*, a Esopo y otros tantos? ¿Acaso debemos resignarnos ante las falacias de que México no tiene raíces más allá de la llegada de los europeos y debemos resignarnos ante nuestra orfandad literaria y de memoria histórica?

Debemos recuperar la memoria histórica y conocer la verdad sobre nuestro grandioso pasado. Debemos investigar cuáles fueron los valores y principios humanos con los que se constituyó la civilización que logró, a lo largo de muchos siglos, el grado más avanzado de vida en sociedad que ha alcanzado la humanidad.[4]

---

[4] *Cfr.* Lourdes Velázquez, "La filosofía en los ideales y prácticas educativas del Anáhuac", en *Carta de México. Revista digital que vincula México con España*, 22 de noviembre de 2017, disponible en: ‹https://bit.ly/2GjijOC›. Consultado 1 de diciembre de 2018.

Bibliografía

En esta bibliografía se mencionan sólo las obras pertenecientes al tema específico de este libro y que fueron utilizadas para su redacción, además de algunas fuentes de referencia más generales.

Acosta, José de, *Historia Natural* y *Moral de las Indias*, México, Fondo de Cultura Económica, 1972.

Aguirre Beltrán, G., *Medicina y magia*, México, Instituto Nacional Indigenista, núm. 1., 197.

Álvarez, Gabriela Fernanda, *Los relatos de la tradición oral y la problemática de su descontextualización y re-significación*, Buenos Aires, 2012. Tesis (Magíster en escritura y alfabetización), Universidad Nacional de la Plata.

Brown, Hugo A., *Aportes de México a la medicina*, t. 1. Asesoría Carlos Viesca, México, Amaquemecan, 1990.

Caballero, Y. y F. Walls, "Productos naturales del zoapatle (*montonoa tormentosa Cerv.*)", en Boletín del Instituto de Química, México, Facultad de Química. unam, Vol. 22, 1970, pp. 79-102.

Cabrera, Luis, *Plantas* curativas *de México*, México, Gómez Gómez Hermanos Editores, 1994.

Casas, Bartolomé de las, *Los indios de México* y *Nueva* España (Antología), México, Porrúa, 1990.

Caso, Alfonso, *El pueblo del Sol*, México, Fondo de Cultura Económica, 1992.

Clavijero, Francisco Javier, *Historia antigua de México*, México, Porrúa, 1987.

Cortés, Hernán, *Cartas de Relación*, México, Porrúa, 1980.

Díaz del Castillo, Bernal, *Historia General de las cosas de la Nueva España, edición digital,* uned, 2016 (Colección Clásicos Hispanoamericanos).

—— *Historia verdadera de la conquista de la Nueva España*, México, Porrúa, 1980.

Díaz Infante, Fernando, D., *La educación de los aztecas*, México, Panorama Editorial, 1992.

Esteyneffer, Juan, *Florilegio medicinal de todas* las *enfermedades* (1740), México, Academia Nacional de Medicina, 1978.

Fernández, Adela, *Dioses prehispánicos de México,* México, Panorama, 1993.

Fernández, Gustavo, *Un ensueño entre serpientes y jaguares* (*segunda parte*), Universidad Náhuatl. Disponible en: ‹https://bit.ly/2TL6yD1›.

García Rivas, Heriberto, *Cocina prehispánica mexicana: la comida de los antiguos mexicanos,* México, Panorama, 2001.

——— , *Dádivas de México al mundo,* México, *Excélsior,* 1965.

——— , *Plantas curativas mexicanas,* México, Panorama, 1991.

Garibay, Ángel María, *Llave de náhuatl,* México, Porrúa, 1994 (Colección de trozos clásicos con gramática y vocabulario).

Garza, Mercedes de la, *Religión Maya,* Vol. 2, España, Trotta, 2002.

——— , *El legado escrito de los mayas,* México, Fondo de Cultura Económica, 2012.

——— , Guillermo Bernal Romero y Martha Cuevas García, *Palenque-Lakamha'. Una presencia inmortal del pasado indígena,* México, Fondo de Cultura Económica/El Colegio de México (Fideicomiso Historia de las Américas), 2012.

Granet, Marcel, *La pensé chinoise,* París, Albin Michel, 1968.

Guerrero Rosado, José Luis, *Los dos mundos de un indio santo,* México, Ediciones Cimiento, 1991.

Hernández, Francisco, *Obras completas,* México, Universidad Nacional Autónoma de México, 1959.

Kenrick Kruell, Gabriel, "La Crónica mexicáyotl: versiones coloniales de una tradición histórica mexica", en *Revista Estudios de cultura náhuatl,* núm. 45, México, unam, enero-junio 2013.

Kirchhoff, Paul, "Mesoamérica, sus límites geográficos, composición étnica y caracteres culturales", en revista *Tlatoani,* suplemento núm. 3, México, 1967.

León-Portilla, Miguel, *Los antiguos mexicanos a través de sus crónicas y cantares,* México, Fondo de Cultura Económica, 1978.

——— , *La Filosofía náhuatl estudiada en sus fuentes.* México, Universidad Nacional Autónoma de México, 1983.

———, *Toltecáyotl. Aspectos de la cultura náhuatl*, México, Fondo de Cultura Económica, 1991.

Libro de Chilam Balam de Chumayel, trad. Antonio Médiz Bolio, Pról. Introd. y notas de Mercedes de la Garza, México, Secretaría de Educación Pública, 1985 (Serie "Cien de México").

López Austin, Alfredo, *El conejo en la cara de la luna*, México, ERA, 1994.

——— y Leonardo López Luján, *El pasado indígena*, México, Fondo de Cultura Económica, 1996.

Lozoya, Xavier, *Plantas, medicina y poder*, México, Pax, 1994.

———, *Los señores de las plantas. Medicina y herbolaria en Mesoamérica*, México, Pangea, 1990.

Macazaga Ordoño, César, *Diccionario de la lengua náhuatl*, México, edición del autor, 1991.

Marín, Guillermo, *Anáhuac esencia y raíz de México*, México, Educayotl. A.C. Oaxaca, 2010.

———, *Los viejos abuelos: nuestra raíz indígena*, México, Universidad José Vasconcelos de Oaxaca, 2000.

———, *Pedagogía tolteca. Filosofía de la educación en el México antiguo.* Disponible en: ‹www.toltecayotl.org›.

———, "Rubén Bonifaz Nuño, biografía", en *Toltecáyotl*, publicada el 16 de agosto de 2009, disponible en: ‹https://bit.ly/2stRI8o›. Consultada el 24 de noviembre de 2018.

Monardes, Nicolás, *De todas las cosas medicinales que nos traen de nuestras Indias Occidentales que sirven al uso de Medicina* (Sevilla 1574). Reproducido en *Herbolaria de Indias*, México, Instituto Mexicano del Seguro Social, 1990.

Moral, Raúl del (2000), "En torno a Mictlantecuhtli", en *Revista Estudios Mesoamericanos*, núm. 1, enero-junio 2000, pp. 38-45.

Peñafiel, Antonio, *Cantares mexicanos*, México, Ms de la Biblioteca Nacional. Copia fotográfica, 1904.

Pérgamo, Galeno de, *Tratados filosóficos y autobiográficos*, Madrid, Gredos, 2002.

Rodríguez Shadow, María, *La mujer azteca*, México, uaem, 1991.

Sahagún, Bernardino de, *Historia general de las cosas de la Nueva España*, México, Porrúa, 1992.

Scheffler, Lilian, *Magia y brujería en México*, México, Panorama, 1995.

Sejourne, Laurette, *Pensamiento y religión en el México antiguo*, México, Fondo de Cultura Económica, 1988.

Síntesis histórica de la medicina mexicana, México, Facultad de Medicina. UNAM, 1983.

Soustelle, Jacques, *El universo de los aztecas*, México, Fondo de Cultura Económica, 1991.

Thouvenot, Marc, *Diccionario náhuatl-español*, colaboración de Javier Manríquez, prólogo de Miguel León-Portilla, México, Universidad Nacional Autónoma de México / Instituto de Investigaciones Históricas / Fideicomiso Felipe Teixidor y Monserrat Alfau de Teixidor, 2014.

Torquemada, Juan de, *Monarquía Indiana*, México, UNAM, 1977. (Reproducción fotostática del original publicado en Madrid, 1723.)

Viesca, Carlos, *Medicina prehispánica de México*, México, Panorama, 1992.

——, *La medicina tradicional mexicana. Sus raíces prehispánicas*, México, 1978.

——, Materiali inediti gentilmente Messi a disposizione.

Villoro, Luis, *Los grandes momentos del indigenismo en México*, México, SEP, 1987 (Serie Lecturas Mexicanas, 103).

Velázquez, Lourdes, *Filosofia e medicina nel Messico antico*, Genova, Italia, ERGA edizioni. Armonia Mundi, 1998.

——, "La pratica medica dei nahuas", en *Anthropos & Iatria*, año I, núm. 1, junio, 1997, pp. 21-26.

——, "La medicina nel Messico antico", en *KOS*, núm. 140, mayo, 1997, pp. 14-19.

——, "Nel Messico precolombiano: pratiche e valori educativi", en *Nuova Secondaria*, vol. 16, octubre 1998, pp. 70-74.

——, "Allucinazione e terapia nella medicina popolare messicana", en *Anthropos & Iatria*, vol. X, núm. 3, pp. 56-61.

——, "La dignidad de la mujer durante el embarazo y al momento del parto en el México prehispánico", *Clepsydra*, vol. 8, España, Universidad de la Laguna, 2009, pp. 189-191.

——— , "I molteplici sensi del tempo: il calendario azteco", en *Nuova Secondaria*, año XXVII, núm. 5, enero, 2010, pp. 74-77.

——— ,"Culture precolombiane. Il concetto di persona nella Filosofía Náhuatl", en *Nuova Secondaria*, año XXVIII, núm. 3, marzo, 2010, pp. 14-15.

——— , "Medicina e adivinazione: il calendario azteca",en *Anthropos & Iatria*, vol. II, núm. 1.

——— , "Messico: il meticciato di una cultura", en *Nuova Secondaria*, año XXVIII, núm. 9 mayo, 2011, pp. 71-73.

——— , "Radici etiche e umanistiche della tecnologia nel Messico pre-coloniale", en *Epistemologia Rivista italiana di Filosofia della Scienza*, vol. 35, núm. 2, julio-diciembre, 2012.

——— , "Il tempo, il cosmo e la storia nel pensiero Maya", en *Nuova Secondaria*, año XXXII, núm. 3, noviembre, 2014, pp. 57-63.

——— , "L'erboresteria náhuatl", en *Antrophos & Iatria,* año XVIII, núm. 2, julio-diciembre, 2014, pp. 50-56.

——— , "L'identita culturale del Messico", en *Le radici della razionalitá critica: saperi, pratiche, teleology.* Studi offerti a Fabio Minazzi, vol II, Editor Dario Generali, Milán, Italia, Mimesis edizioni, pp. 1013-1019.

——— , "El destacado papel de la mujer en la civilización de la Anáhuac", en *Periodismo Libre* (Sesión de inicio 7/03/2016). Disponible en: ‹https://bit.ly/2RL4jTL›.

——— , "Mexican Pre Columbian Civilisation", en revista de *Filosofia Neo-Scolastica, Vita e Pensiero* 2, abril-junio, 2017, A Cura del Dipartamento di Filosofia dell'UNIVERSITÀ CATTOLICA DEL SACRO CUORE (impreso) 1827-7926 (digital), pp. 233-237. Disponible en: ‹https://bit.ly/2sFeKZW›.

——— , "El aprecio por la mujer en el Toltecáyotl", en *Carta de México*, publicado el 23 de septiembre de 2014. Disponible en: ‹https://bit.ly/2ClQ7FU›.

——— (2016), "Sacrificios humanos, ¿mito o realidad?", en *Carta de México. Revista digital que vincula México con España*, 18 de mayo de 2016, disponible en: ‹https://bit.ly/2I91uGR›.

CÓDICES

Códice Badiano, México, Instituto Mexicano del Seguro Social, 1964.
(Citado como Códice De la Cruz Badiana, *Libellus de medicinalibus Indorum herbis*.)

Códice Borbónico, facsímil con comentario explcativo de E.T. Hamy, París 1899.
(Manuscrito mexicano de la Bibliotheque du Palais de Bourbon.)

Códice Borgia, reproducción fotostática en el Fondo de Cultura Económica, con un comentario explicativo de Eduard Seler; traducción de Mariana Frenk, México, 1988. (Manuscrito borescano mexicano del Museo Etnográfico de la Sagrada Congregación de Propaganda Fide. Reproducido en fotocromografía a expensas de S. E. El duque de Loubat por la Bibl. Vaticana, Roma, 1898.)

Códice Chimalpopoca, ed. fototípica; traducción e introducción de Primo Feliciano Velázquez, Instituto de Historia, UNAM, México 1992. (Anales de Cuauhtitlán y Leyenda de los soles.)

Códice Florentino, ed. facsimilar, 3 vols., Florencia, 1980. (*Florentine Codex*, editado por Ch. Dibble y A. Anderson, Santa Fé, Nuevo México, 1950-1969.)

Códice Franciscano, Salvador Chávez Hayhoe (ed.), México, 1941. (Siglo XVI; Nueva colección de Documentos para la Historia de México.)

Códice Matritense del Real Palacio, ed. facsimilar de Del Paso y Troncoso, vols. VI y VII; fototipia de Hauser y Menet, Madrid, 1906. (Textos en náhuatl de los informantes indígenas de fray Bernardino de Sahagún.)

Códice Matritense de la Real Academia de la Historia, ed. facsimilar de Del Paso y Troncoso, vol. VIII; fototipia de Hauser y Menet, Madrid, 1907. (Textos en náhuatl de los informantes indígenas de fray Bernardino de Sahagún.)

Códice Mendieta, Edmundo Aviña Levy (ed.), Guadalajara, Jal., 1971, 2 vols. (Documentos franciscanos. Siglos XVI y XVII).

Códice *Mendoza*, editado y traducido por James Cooper Clark, Londres, 1938. (Manuscrito mexicano conocido como la Colección Mendoza conservada en la Biblioteca Bodleian, Oxford).

Códice Ramírez, México, Editorial Leyenda, 1944.

Códice Vaticano 3773 (A), reproducción fotostática en el Fondo de Cultura Económica, con comentario explicativo de F. Anders y M. Jansen, México, 1992. (Manuscrito mexicano Vaticano 3738, denominado código de Ríos; reproducido en fotocromografía a expensas de S. E. el duque de Loubat para el cuidado de la Biblioteca Vaticana, Roma, 1900.)

Códice Vaticano 3773 (B), manuscrito mexicano 3773; reproducido en fotocromografía a expensas de S. E. el duque de Loubat, editado por la Biblioteca Vaticana, Roma, 1896.

Esta primera edición de
La civilización del Anáhuac: filosofía, medicina y ciencia,
se imprimió el 13 de mayo de 2019
(fiesta de Nuestra Señora de Fátima),
en la imprenta GOMFRA, ubicada en
Av. Erasmo Castellanos Quinto 171-1,
Col. Educación, C. P. 04400,
alcaldía Coyoacán, Ciudad de México.
El tiraje fue de 500 ejemplares.

9 786079 845971